라
포

라
RAPPORT
포

마이크 아길레라 지음 | 안진환 옮김

SNOWFOX

라포란 무엇인가?
왜 라포인가?

이 책을 읽는 독자 대다수는 라포(Rapport)라는 말을 처음
들어 봤을 것이다. 들어 봤어도 그 의미를 잘 알지 못하는
경우가 대부분일 것이다. 이 점을 고려해 라포란 무엇이며,
왜 그것이 중요한가를 설명하려고 한다. 그래야 읽는 목적
이 분명해질 테니까.

혹시 처음 만난 사람에게서 오랜 친구 같은 편안함을
느껴 본 적 있는가? 몇 마디 나눴을 뿐인데 둘 사이에 무
언가 통하는 것 같은 느낌 말이다. 소개팅 자리에서 처음
보는 이성과 눈이 마주치는 순간 '이 사람이 바로 내가 찾
던 사람이구나' 하는 직감이, 강연자라면 아침부터 왠지
오늘은 청중 앞에서 말이 잘 풀릴 것 같은 예감이 든 적이
있을지 모른다. 일 때문에 만난 사람과 대화를 나눈 지 고

작 몇 분 만에 원만한 합의가 이뤄질 것 같은 확신이 들 때도 있다. 처음으로 공동 작업을 하는데 손발이 척척 맞아 예상을 뛰어넘는 성과를 얻을 때도 있다.

이 모든 교감을 라포라고 한다. 라포란 한마디로 마음을 기꺼이 열 수 있을 정도의 교감이다.

『메리엄-웹스터(Merriam-Webster) 사전』을 찾아보면 라포란 '조화와 순응, 화합, 호감이 주를 이루는 관계'라고 정의되어 있다. 정리하면, 라포란 서로 공감하며 의사소통을 할 수 있는 기술이자 능력'이다. 동기부여 전문가인 토니 로빈슨(Tony Robinson)은 라포를 이렇게 설명했다.

"라포는 상대방의 세계에 들어가 당신이 그를 이해하고 강력한 유대감을 갖고 있다고 느끼게 만드는 능력이다."

라포는 낯선 상대에게 갖는 경계심과 거부감을 크게 낮춰 준다. 그래서 이것을 만들어 내는 기술을 기르면 어느 누구와도 쉽고 효과적으로 교류할 수 있다. 더불어 언제나 자신이 원하는 수준으로, 아니 그 이상으로 관계를 구축할 수 있다.

라포는 스파크처럼 순간적이고 강렬하게 나타날 수도 있고, 여러 차례 만나 대화를 거듭하며 서서히 형성될 수도 있다. 여기서 핵심은 라포는 기본적으로 관심과 호감, 이해가 바탕이 된 긍정적인 반응이라는 점이다. 반감이나 적대감과는 전혀 다르다. 더불어 라포는 교감이라는 점에도 주목할 필요가 있다. 라포는 비즈니스와 대인 관계를 '윈-윈'으로 이끌어 준다.

다른 여러 기술과 마찬가지로 라포 역시, 누구나 배우고 발전시켜 능숙하게 활용할 수 있다. 예컨대 걸맞은 사고방식과 태도, 적절한 시선 처리, 보디랭귀지, 공통의 배경 찾기 등으로 공감과 유대를 표출하는 기술을 익히면, 자유자재로 구현할 수 있다. 찰나의 교감으로 불멸의 로맨스나 굳건한 우정, 깊은 형제애, 충실한 파트너십의 씨앗을 얻을 수 있다. 문제는 누가, 그러한 경험을, 얼마나, 종종 갖느냐다.

당신 주변에 성공한 사람이 있는데 알고 보니 그 비결이 다름 아닌 라포 때문이라면 어떤 생각이 들까? 이것만으로도 라포가 당신의 주의를 끌기에 충분하지 않은가?

19세기 영국의 사상가 허버트 스펜서(Herbert Spencer)는
"인간은 사는 게 두려워 사회를 만들었고, 죽는 게 무서워
종교를 만들었다"고 말했다. 종교의 인위성에 방점을 둔
성찰이지만, 나는 그의 말을 사회적 존재로서의 인간에
초점을 맞춰 생각해 보고 싶다. 인간이 사는 게 두려워 사
회를 만들었다는 통찰에 십분 공감하지만, 오히려 집단에
귀속되고 싶은 소속 욕구와 서로 사귀는 친교 욕구를 주
된 이유로 봐야 옳지 않을까?

사람들이 가장 열망하는 것 중 하나가 사회적 인정일
것이다. 추위와 굶주림만 해결하고 나면 곧바로 발동하는
게(소속 욕구와 친교 욕구 같은) 사회적 욕구니까. 집단에서 환
영받고 좋은 평판을 얻으며 영향력을 발휘하고 싶은 게
인간 본성이다. 이런 욕구를 최대한 충족시키는 데 가장
효과적인 무기가 바로 라포 기술이다.

라포는 비즈니스와 대인 관계를 성공으로 이끄는 힘이
다. 더불어 성공적인 삶으로 이끄는 힘이다. 만약 이런 라
포를 자유자재로 형성하고 활용할 수 있다고 상상해 보

자. 근사하지 않은가?

이 책에서 그 방법을 찾아 자신만의 수단으로 삼길 강력히 권한다.

단 한 번의 만남으로
원하는 결과를 얻어 내는 사람의 언어는
무엇이 다른가!

비즈니스에서 또는 일상적인 대화에서 모든 것이 잘됐다고 생각했는데 막상 좋지 않은 결과 때문에 실망한 적 있는가?

'왜 연락이 안 오지?'

'도대체 안 사는 이유가 뭐야?'

'내 제안대로 할 줄 알았는데 왜 거절하지?'

'왜 우리 회사로 정하지 않았을까?'

'왜 나를 승진시키지 않은 거야?'

이런 의문은 상대의 생각과 상관없이 나 혼자만 '통했

다'라고 즉, 라포를 형성했다고 착각했기 때문이다.

　스탠퍼드연구소(SRI)의 조사에 따르면 성공의 85퍼센트는 대인 관계 기술(라포 기술 또는 커뮤니케이션 기술)과 관계가 있고, 불과 15퍼센트만이 전문적인 기술과 관련되어 있다. 이 책은 바로 85퍼센트에 해당되는 대인 관계 기술, 그중에서도 핵심인 '라포를 만들고 활용하며 발전시키는 방법'들을 설명한다. 그런 이유로 보디랭귀지와 심리학, 신경언어학프로그래밍(NLP)에 기반을 둔 정보와 기술 등을 중점적으로 다룰 것이다. NLP는 몸과 마음의 상호작용을 통해 사람을 변화시키는 능력을 개발하는 심리 기술인데, 여기서는 고급 커뮤니케이션 체계를 파악하도록 도움을 준다.

　비즈니스와 대인 관계에서 일반적으로 가장 많이 토로되는 불만은 다음과 같다.

　'듣는 둥 마는 둥 성의 없이 대화에 임한다.'
　'내 말에 귀를 기울이지 않는다.'
　'내가 얘기할 때 무슨 생각을 하는지 모르겠다.'

한마디로 상대가 자신의 말을 건성으로 듣거나 딴전을 피운다는 것이다. 내가 라포를 소개하면서 무엇보다 대화를 이끄는 방법을 강조하는 이유가 여기에 있다.

어떤 분야에서 무슨 일을 하든 리더십, 인간관계, 판매, 면접, 승진, 협상 등 도움이 되는 기법을 배우게 될 것이다. 이것으로 대화에서 좀 더 자신감을 가질 수 있고, 나아가 그동안 몰랐던 자신의 모습 즉, 나의 커뮤니케이션 스타일을 발견할 수 있을 것이다.

어떤 만남에서든 처음 90초가 가장 중요하다. 걸음걸이와 악수, 자기소개, 초기 대화 등이 라포를 만드는 데 결정적이기 때문이다. 긍정적인 만남을 이끌어 낼지 여부가 대개 그 짧은 시간에 정해진다. 이 책은 90초 안에 라포를 형성하는 방법을 네 부분으로 나눠서 설명한다. 이른바 '즉각적인 라포 형성 공식'이라고 이름 붙인 단계다.

첫 번째는 만나기 전에 적절한 사고방식과 태도를 갖추는 방법이다.

두 번째는 첫 만남에서 효과적으로 라포를 형성하는 방법을 익히는 단계다.

세 번째는 대화의 기술을 다룬다.

네 번째는 라포 형성을 위해 필요한 질문 스킬이다. 더불어 자신감 있는 만남에 대한 탐구도 다룬다.

다섯 번째는 만남 이후의 행동을 다룰 것이다.

우리는 커뮤니케이션에서 나름의 방법과 개념을 적용하고 있다. 자신의 경험을 토대로 무엇이 유리하고 불리한지를 알고 있으며, 타인의 조언을 통해 신뢰감을 형성하는 방법도 안다. 당연히 그중에 어떤 것은 이롭게 작용하고 또 어떤 것은 해롭게 작용되고 있을 것이다. 문제는 복합적인 상호작용이 일어나는 상황에서 실제로 이로운 것과 해로운 것의 구별이다. 이 책은 이로운 기법과 개념을 특화하고, 해로운 행태를 제거하는 데 필요한 표준을 보여 줄 것이다.

현재 보유하고 있는 커뮤니케이션 스타일은 당신의 모국어다. 새로운 기법과 개념은 외국어다. 외국어를 구사할 때는 다른 커뮤니케이션 스타일이 필요한 법이다.

앞으로 우리는 의사소통을 해부하는 과정도 밟을 것이다. 이로써 당신은 상대에 따라 어떤 커뮤니케이션 전략이 유익한지 명쾌히 알게 될 것이다. 이런 지식과 능력을 갖추는 것이 라포의 형성을 완성하는 단계다.

이 책은 내가 1일 과정 NLP 세미나에서 사용하는 워크북과 유사하다. 책에 소개한 기법 중 하나만 익혀도 삶과 업무 능력을 향상시키고 한 차원 높일 수 있을 것이다.

라포 일러두기

1. 문화 차이를 반영하고 독자의 이해를 돕기 위해 원서의 일부 내용을 수정 및
   변경, 보완했습니다.

2. 의미와 취지를 보다 명확하게 전달하기 위해 다음 도서의 일부 내용을 참고했
   습니다.

*Bill Brady, 『Rapport: Eye Contact & Connecting with 'Nonverbal
Communication'』, kindle edition.

*Gabriel Angelo, 『Rapport: The Art of Connecting with People and
Building Relationship』, kindle edition.

1

당신이 (상대를) 만나기 전

이번 장은 첫 만남에 앞서 라포를 준비하는 몇 가지 요소가 담겼다. 그중 가장 중요한 부분인 사고방식은 우리의 생각과 동작 그리고 커뮤니케이션 스타일에 큰 영향을 미친다. 특히 카리스마와 매력, 자신감을 강화시켜 주기 때문에 라포 형성에 매우 중요하다. 사고방식의 변화를 통해 어떻게 새로운 프레임을 짤 수 있는지 배워 보자.

만남에도 기술이 필요하다

어떤 일이든 사고방식과 태도에 따라 결과는 달라진다. 상대가 누구든 두려움 없이 만날 수 있는 '자신감'과 대중을 압도하는 '카리스마'와 '매력' 그리고 현재 누군가와 영원히 지속되는 라포를 희망한다면 사고방식의 기틀을 재정비할 필요가 있다.

당신은 사람을 만날 때 어떤 마음가짐을 갖는가? 혹시 무작정 다가가 임기응변으로 대응하는 편인가? 그 만남의 결과는 운에 맡긴 채로 말이다. 딱 잘라 말해, 기회를 방치하는 무책임한 태도다. 그러면서 자신이 원하는 결과가 나오기 기대하는 것만큼 지나친 욕심도 없다.

만약 누군가가 당신이 원하는 어떤 결과를 갖고 있다면 몇 가지 기억해야 할 요소가 있다. 지금부터 몇 가지 기본 개념을 살펴보자.

어떤 의도를 가졌는가? ———

의도는 일의 결과를 좌우하는 만남의 열쇠다. 마음속에 긍정적인 의도를 가졌다는 것은 상대가 더 나은 기분을 갖도록 돕겠다는 의미가 포함된다. 반대로 나쁜 의도는 어떤 경우든 몸짓이나 시선, 음성 또는 대화를 통해 노출되기 마련이다. 어떤 만남이든 긍정적인 의도는 사람의 기분을 좋게 만든다. 소개팅, 새로운 고객과 미팅, 부하 직원과 면담, 경영진 접견 등 모든 만남에는 자신의 목적에 부합되는 의도가 먼저 설정되어 있어야 한다.

미리 가정하라 ———

자신감과 카리스마로 무장된 채 상대에게 접근하려면, 무조건 라포가 형성되어 있다고 가정해야 한다. 지금 만나는 사람을 좋아한다고 미리 가정하라는 의미다. 누구를 만나든 당신이 그들 모두를 맘에 들어 할 것이고, 그들 역시 당신을 맘에 들어 할 것이라고 가정하자. 그렇게 가정한 뒤에 상대를 만나야 한다.

인맥 구축을 잘하는 사람들은 어떤 자리에서든 대담하다. 사람들과 자연스럽게 접촉하고, 분위기를 주도하며, 즉각적으로 라포를 형성한다. 마치 현장을 지배하는 듯한 기운을 내뿜는다. 그들을 인터뷰하면 공통적으로 "오늘 만나는 누구라도 맘에 들 거라고 가정하고 왔다"고 대답한다. 긍정적인 확신으로 무장된 몸동작이 자연스레 주변 사람들을 사로잡아 버린다.

반면, 인맥 쌓기에 서툰 사람들은 '뭔가 잘못되면 어쩌지?'라거나 '나와 통하는 사람을 만날 수 있을까?', '괜찮은 사람이 있기는 할까?' 같은 의문을 품고 모임이나 행사에 참여한다. 자신도 모르는 사이 라포는 형성되지 않을 것이라고 규정짓는다.

이런 사고와 부정적인 가정은 말과 행동에 고스란히 반영된다. 사람들은 잠재의식으로 그것을 눈치채고 그와

의 접촉을 피한다. 인맥을 쌓을 기회를 내팽개치는 생각이
아닐 수 없다.

기대하라 ────

당신이 만날 사람은 '좋은 사람'이다. 아니, 그렇게 기대해
야 한다. 그렇지 않다는 것이 입증되기 전까지는 말이다.
그러면 상대의 좋은 면에 집중하게 된다.

　반대로 상대가 나쁜 사람일 것으로 의심하거나 자신을
맘에 들어 하지 않을 것이라 생각하면 마음속 생각이 태
도로 드러난다. 그 태도로 사람들을 대하면 부정적인 측
면에만 집중할 수밖에 없다. 그가 나쁜 사람이라는 자신
의 기대를 정당화할 필요를 자신도 모르는 사이 느끼기
때문이다.

　모든 사안에 긍정과 부정이 양립하듯, 모든 사람에게는
장단점이 있다. 굳이 처음부터 부정적인 측면이나 단점에
집중해 관계의 발전을 차단하거나 저해할 필요는 없다.

　결국 전체적인 상호작용에 영향을 끼치게 된다. 당신의

기대는 사람들이 당신을 대하는 방식에 영향을 미치고, 그들을 대하는 당신의 방식을 좌우한다.

친절하라 ————

사람은 언제나 친절한 사람을 찾는다. 따라서 늘 친절한 사람으로 처신하고 행동하는 습관은 매우 중요하다. 미소 짓는 얼굴과 따뜻한 눈빛을 연습할 필요가 있다. 물론 진심에서 우러나온 미소여야 한다. 그리고 누구라도 먼저 다가와 스스럼없이 말을 걸고 싶도록 친절의 오라를 몸에 둘러야 한다. 함께하는 것에 편안함을 느껴야 상대도 편하게 마음을 열 수 있다.

친절하다는 인상을 주는 또 다른 방법은 만나는 순간이나 헤어진 다음에도 상대가 자신에게 기분 좋은 느낌을 갖도록 돕는 것이다. 가장 좋은 수단으로는 칭찬이 있다. 칭찬을 기분 나쁘게 받아들이는 사람은 없다. 단 구체적이고 명확한 칭찬이어야 한다. 스스로 장점이 아니라고 생각하거나 단점으로 생각하는 면을 칭찬할 때는 더욱더

그래야 한다. 합당한 이유를 반드시 곁들여 칭찬해야 한다는 의미다.

칭찬은 관계를 편안하게 만드는 라포의 중요 포인트다. 칭찬의 최대 장점은 상대로 하여금 당신과 함께하는 것을 좋게 할 뿐 아니라 자신 역시 기분 좋게 한다. 사람을 대하다 보면 상대의 장점에 부러움이 생길 때가 있다. 그때 의도적으로 상대의 장점을 언급하면서 적극적으로 칭찬해 보라. 마음속으로만 칭찬을 품으면 부러움 때문에 부정적인 감정이 일지만, 내가 먼저 말을 꺼내 수용하면 불편한 마음이 사그라지는 경험을 할 것이다.

인식 요소를 인식하라 ─────

인식 요소란 간단히 말해, 잠재의식을 활용해 원하는 것을 인식하는 기술이다. 예를 들어 사교 행사에 나갈 때 인간적으로 또는 이성적으로 괜찮은 사람을 찾기를 기대하며 나간다. 비즈니스 모임에 참석할 때는 내게 도움을 줄 사람을 만나기를 희망한다. 물론 단순히 시간을 때우거나 맛있는 식사를 즐기려는 목적도 있지만 그건 논외로 치자. 인식 요소란 모임에서 자신이 바라는 그 사람을 반드시 만날 것으로 기대하고 그 가능성에 초점을 맞추는 것이다. 이런 태도는 우리의 잠재의식을 자극해 '그 사람'을 알아채도록 한다. 나도 모르는 사이 잠재의식이 내가 원하는, 중요한 그 사람을 찾기 위해 쉴 새 없이 탐색하기 때문이다. 이런 상황을 체감할 수 있는 경우는 무수히 많다.

가령, 자신이 어떤 새로운 물건에 관심을 갖기 시작했고 구입을 결정했다고 치자. 그 경우 어디서든 그 물건은 인식되기 시작한다. 거리에서나 광고를 통해 혹은 주변 사람들에게 끊임없이 정보가 들어온다. 자신이 갖게 된 관심이 잠재의식이라는 도구에 영향을 미치고 인식하게 만든다.

같은 원리로 그 사람을 만나는 일이 중요하다고 마음먹으면 분명 당신은 그를 알아채기 시작한다. 잠재의식 레이더가 일정 범위 안에서 그런 사람만 포착해 내기 때문이다.

이것은 마치 자신이 원하는 사람을 끌어당기는 것같이 느껴질 수도 있지만 실제는 그저, 더 잘 인지하게 된 결과다. 이런 말도 있다.

"배울 준비만 갖추면 가르쳐 줄 사람은 나타나기 마련이다."

핵심은 행운 요소다 ————

나에게 중요한 사람을 찾는 데 도움이 되는 또 하나의 핵심은 행운이다. 그 사람을 만나게 될 만큼 운이 좋을 것으로 기대하는 일이다. 왠지 운이 좋아 그 사람과 연이 닿을 것으로 기대하고 모임에 나가 보라. 분명 그 사람은 그 자리에 있을 테고 그와 친밀감을 나누며 관계를 쌓을 수 있을 것이다. 일단 자신이 원하는 것을 인식하면 우리의 초점이 그 방향으로 이동해 목적이 달성되도록 돕는다.

인식 요소와 행운 요소, 이 두 가지는 자신의 언행과 에너지에 긍정적인 영향을 미쳐 호감도를 높인다. 한 번 생각해 보라. 나쁜 사람을 만날 것이고 모임 수준 또한 형편없을 것으로 짐작하고 참석했을 때 무엇을 얻겠는가! 이런 사고와 태도를 품는 순간 자신의 에너지에 부정적인 영향이 생기는 건 당연하다. 결과적으로 우리 눈에는 나쁜 사람들만 들어올 게 뻔하다.

자신이 바라는 그 누군가를 만나는 일은 없을 거라 믿으면 자신의 믿음을 정당화하기 위해서라도 사람들의 부정적인 면민 보게 된다. 이렇듯 좋은 부분을 모두 놓칠 게 뻔하다면 무엇 때문에 그런 자리에 나가는가!

주인처럼 행동하자 ────

모임이나 행사에서 좋은 관계를 맺는 또 하나의 방법은 파티의 주인 혹은 행사 주최자와 같은 사고방식과 태도를 갖는 것이다. 그러려면 반드시 조금 일찍 현장에 도착해야 한다. 뒤늦게 허둥지둥 달려오는 경우라면 이 방법을 활용할 기회조차 잡을 수 없다.

모임 장소나 행사장에 들어선 다음 한 바퀴 쭉 둘러보며 사람들이 무엇을 하고 있는지, 무엇에 관심을 기울이고 불편한 부분은 없는지 살펴보라. 그런 관심과 호의는 사람들의 눈에 띌 것이고 곧 당신에게 라포를 발동하는 사람들이 생길 것이다. 쓸데없는 간섭이나 과잉 친절로 시선을 끌라는 의미가 아니다. 기본 취지는 사람들이 필요로 하는 도움을 제공하여 당신에 대해 좋은 느낌을 갖게 만드는 것이다.

라포 형성을 위한 가장 기본적인 사고방식과 태도

- 긍정적인 의도

- 누구를 만나든 마음에 들 거라는 가정

- 상대는 좋은 사람일 거라는 긍정적인 상상

- 친절하다는 인상(가장 좋은 수단은 칭찬이다)

- 내가 바라는 사람을 인식할 가능성에 초점

- 운이 따를 것이라는 긍정

- 주체자와 같은 마인드

RAPPORT

좋은 일을 생각하면 좋은 일이 생긴다.

나쁜 일을 생각하면 나쁜 일이 생긴다.

여러분은 여러분이 하루 종일 생각하고 있는 것,

바로 그것이다.

–조셉 머피

꼬리표 다시 달기

프레임을 다시 짜야(Reframing) 한다. 프레임을 새로 짜는 목적은 경험에 변화를 주기 위해서다. 경험은 사전에 짜인 프레임 안에서 전개되는 경향이 있다. 프레임을 어떻게 짜느냐에 따라 각기 다른 경험을 할 가능성이 높다.

경험을 바꾸는 프레임 ————

신경언어학프로그래밍(Neuro-Linguistic Programming, NLP)을 활용하는 심리 치료 전문가들은 파악한 특정 표현을 다른 표현으로 바꾸는 방식의 치료법을 사용한다. NLP의 기본 취지는 어떤 목적에 방해되는 개인적 약점을 극복하도록 돕는 것이다. 예를 들어 대중 앞에 서기를 바라는 어떤 사람에게 무대 울렁증이 있다. 그의 목표는 무대 울렁증을 극복하고 당당히 자신의 꿈을 펼치는 것이다. NLP는 이럴 때 단계별 장애 요소를 재고하고 목적을 달성하도록 돕는다.

심리 치료 전문가들이 표현을 바꾸는 방법을 쓰는 이유는 오랜 시간의 실험과 연구 조사를 바탕으로 한 많은 사례를 통해 '표현을 바꾸면 그에 따라 경험도 바뀐다!'는 원리를 신뢰하기 때문이다.

이것은 그림의 액자를 바꾸는 것과 유사하다. 액자를 바꾸면 그림도 다른 느낌으로 다가오는 것처럼 특정 경험에 부여된 의미를 바꾸면 경험 자체에 변화가 생기고, 결과적으로 해당 경험에 대한 느낌도 바뀐다. 그렇게 바뀐 느낌은 사고방식에 영향을 미치고, 나아가 전반적인 행태에 변화를 일으킨다.

누군가를 만나기 전, 머릿속에 어떤 생각을 떠올리는가? 말할 필요도 없이 만남의 목적을 되새길 것이다. '반드시 그에게 이걸 팔고 말겠어', '잘 보여 주고 제안해서 구미가 당기게 만들 거야', '나의 장점을 어필해서 나를 선택하게 만들어야지' 같은 생각을 머릿속에 표현하고 마음 자세를 갖는 게 일반적이다. 그리고 이 표현들은 특정한 만남에 대한 자신의 느낌에 영향을 미친다.

하지만 이렇게 목적에만 집착하면 긴장할 수밖에 없다. 그리고 긴장감은 어떤 식으로든 목적을 부각시키며, 그 영향이 드러나 상대가 불편함을 느끼거나 방어막을 치게 만든다. 따라서 분위기가 경직될 가능성이 높다. 당연히 라포가 형성되기에 좋지 않은 상황이 전개된다.

판매, 제안, 면접 등을 이유로 한 만남에서 어필에 초점을 맞추기보다 대화에 중점을 두기를 권한다. '우리 제품이나 서비스에 대해 그들과 대화를 나눌 거야', '우리 제안과 관련된 대화를 나누는 자리가 될 거야', '이 일자리를 잡을 수 있는 기회를 놓고 대화를 하면 돼.' 여기에 덧붙여 '나는 어떤 식으로든 그들에게 도움이 될 수 있는 방법에 대해 대화를 나눌 거야'라는 사고까지 갖추면 금상첨화다.

따라서 대화에 초점을 맞춰 생각하면 그 만남에 대한 당신의 느낌이 변한다. 이와 더불어 마음이 편해지고 만남에 대한 긍정적인 기대가 커진다. 다시 말해, 라포를 형성할 수 있는 자세가 갖춰지는 것이다. 그러므로 만나는 사람과 공감하는 데 초점을 맞추자. 이런 태도는 곧 자신에게 영향을 미치고 사고방식과 에너지 수준에 변화를 줄 것이다. 여유롭고 한층 긍정적인 느낌이 생길 것이다.

판매에 대해 조금 더 구체적으로 살펴보자. 판매라는 단어를 떠올리면 사람들은 대개 돈을 요구하거나 간청해야 한다는 느낌을 갖게 마련이다. 그리고 이런 느낌은 스스로에게 반감을 일으킬 뿐 아니라 누구에게나 부정적인 반응을 끌어내는 요인이 된다. 나는 돈과 관련된 사람들의 부정적인 느낌이 상당 부분 어린 시절의 경험에 기인한다는 사실을 발견했다. 어린 시절 부모님께 돈을 달라고 했던 경험을 떠올려 보자. 대부분 비슷한 상황을 겪었을 것이다. 먼저 부모님은 "돈을 어디에 쓰려고 그러니?" 하고 돈의 용도를 묻는다. 그리고 "돈이 얼마나 중요한 건지 알고 있니? 돈을 벌기 위해 엄마와 아빠가 얼마나 힘들게 노력하고 있는지는 아니?" 하며 돈의 중요성을 강조했을 것이다.

대화가 이렇게 전개되면 어린아이들은 부모에게 돈을 요구하는 건 힘든 일이라는 개념이 생긴다. 돈을 달라는 행위를 부모님이 좋아하지 않는다는 생각도 함께 생긴다. 돈은 간청해야 얻을 수 있는, 어려운 게 되는 것이다.

이런 경험은 성인이 된 다음에도 고스란히 전이된다. 아무리 마케팅에 뛰어나고 제품이 탁월해도 물건을 파는 주체가 자신의 돈을 간청한다고 느끼는 순간 자연스레 반감이 이는 것이다. 결국 부정적인 반응을 이끌어 낼 가능성이 높아진다. 이런 일을 피하는 데 도움이 되는 방법

역시 관점을 바꿔 생각하는 것이다. 돈을 얻겠다는 목적에 중점을 두지 않아야 한다.

나의 제안은 사람들을 돕는 것에 기초하고 있다고 여기는 것이다. 이럴 때라야 돈 이야기라도 편안하고 기분 좋게 할 수 있다. 이런 생각으로 제안할 때 상대는 당신의 서비스나 제공받는 제품에 비용을 지불하는 일이 마땅하다고 받아들인다. 거듭 강조하자면 상대를 돕는 것에 관점을 맞춰 생각하고 표현하라는 점이다. 당신은 대상을 돕기 위해 그 자리에 나온 것이다. 그런 생각과 태도를 가질 때라야 '윈-윈'의 결과가 도출된다. 거래가 성사되는 것은 물론이고, 당신의 제품이나 서비스에 돈을 지불하는 것에 만족하는 상황이 된다.

성향을 바꾸는 프레임 ────

많은 사람의 또 다른 문제는 숫기 없는 성향이다. 사람들 앞에 나서거나 낯선 사람과 대면하는 것을 부끄러워하거나 지나치게 어색해 하는 사람, 말을 해야 하는 상황에서

도 입을 닫거나 의견을 제대로 표출하지 못하고 우물쭈물
하는 사람을 주변에서 흔히 볼 수 있다.

성향 자체만으로 옳고 그름을 따지는 것은 지혜롭지
못한 처사지만, 숫기 없는 성향이 라포 형성이나 관계 구
축에 불리하게 작용하는 것은 명백한 사실이다. 숫기 없
다는 것을 단점으로 여기는 것을 봐도 알 수 있다. 갖가
지 불리한 경험이 있을 것이다.

나 역시 어릴 때 친척들이 모이기라도 하면 종종 그렇
게 평가되곤 했다. "저렇게 말이 없어서야, 너무 숫기가 없
는 거 아냐?", "애가 수줍음을 좀 많이 타는 성격인가 봐."
가까운 사람들이 던지는 이런 평가가 어린 나에게 어떤
영향을 미쳤을지 굳이 말로 옮기지 않아도 짐작할 수 있
을 것이다.

결국 나는 숫기 없는 성향에 다른 이름표를 붙였다. 다
시 말해 그것의 프레임을 바꾸고 당당한 태도와 자신감
을 갖게 되었다. 숫기 없는 성향을 다른 식으로 해석한 것
이다.

물론 이 해석은 타당성을 갖춰야 효력이 있다. 만약 당

신이 숫기 없는 사람으로 인식되거나 스스로 그렇게 느낀다면, 그리고 그로 인해 삶의 여러 기회를 놓치고 있다고 믿는다면 다음의 문장이 도움이 될 것이다.

"나는 숫기가 없는 게 아니라 공손하고 진지하며 사려 깊은 것뿐이다."

숫기 없는 성향이라는 꼬리표를 공손하고 진지하며 사려 깊은 성향으로 대체하라는 이야기다. 실로 숫기 없어 보이는 사람들 가운데 상당수는 생각이 깊고 배려가 많아서 그렇게 처신하는 것처럼 보인다. 숫기가 없다는 것이 부정적인 성향은 아니다. 누군가를 방해하거나 간섭하고 싶지 않아서 입을 다물고 가만히 있거나, 사람들을 존중하는 차원에서 공손히 구는 것에 가깝기 때문이다. 누군가의 기분을 상하게 하지 않으려고 조심스러운 태도를 취하는 것이다.

숫기 없는 사람들은 이렇게 생각하는 경향이 있다.

'지금 한창 대화 중인 저 사람에게 접근하는 건 좋지 않아. 불쑥 끼어들어 이야기를 중단시키는 건 예의 없는 거야' 하고 말이다.

만약 당신에게 이런 면이 있다면 이제 존중과 배려라는 꼬리표를 달고 그 사람에게 다가가라. 그 사람에게 도움을 준다고 생각하고 접근을 주저하지 말라.

이런 식으로 프레임을 바꾸면 당신은 사람들과 접촉해 어울리는 일에 주저하지 않을 뿐만 아니라 준비되었다는 느낌마저 갖게 된다. 실제로 적용해 보고 무슨 일이 일어나는지 확인해 보라. 꼬리표 다시 달기, 즉 프레임 재구성은 모든 상황에 적용되어 즉각적인 효력을 만들어 줄 것이다.

프레임을 다시 짜는 방법

- 긍정적으로 목적을 바꿔 경험을 바꾼다. 상대에게 도움을 준다고 생각하면 서로 만족하는 결과에 이를 수 있다.

- 긍정적으로 해석하여 성향을 바꾼다. 숫기 없는 성향이라면 존중과 배려라는 꼬리표로 접근하자.

당신의 태도는 세상을 색칠하는 크레파스 박스와 같다.

계속 회색으로 그림을 그리면

당신의 그림은 항상 암울할 것이다.

유머를 섞어서 좀 밝은색을 더하려고 하면

당신의 그림은 밝아지기 시작할 것이다.

−앨런 클라인

빗장을 푸는 법

라포를 형성하려면 긍정적인 에너지가 필요하다. 에너지란 우리가 발산하는 육체적, 정신적, 심리적 기운 모두를 일컫는다. 긍정적인 에너지를 조성하고 발산하는 능력은 삶의 다양한 측면에서 이용할 수 있는 무기다. 그렇다면 우리는 이 긍정적인 에너지를 어떻게 가질 수 있을까? 여기서 제안하는 몇 가지 개념을 익히고 꾸준히 연습하면, 언제 어디서든 원하는 결과를 얻는 강력한 힘을 보유할 수 있다.

매칭과 미러링 기법 ────

관계를 맺고 싶은 누군가에게 다가갈 때 활용할 수 있는 간단한 방법 하나를 소개한다. 먼저 라포를 형성하려면 동질감부터 조성해야 한다. 상대가 빨리 걷거나 활기차게 움직이면 당신의 움직임에도 속도와 활기를 붙이는 식이다. 단순하지만 이런 방법은 의외로 중대한 영향을 미친다.

생각해 보라. 상대가 당신의 속도를 맞추지 않으면 어떨까? 답답함 내지는 지루함을 느낄 것이다. 마찬가지로 느긋하고 여유롭게 움직이는 사람 앞에서 부산을 떨면 상대는 당신이 경박하거나 조급하다고 느낄 가능성이 높다.

말하는 방식도 마찬가지다. 빠르게 말하는 사람, 천천히 말하는 사람, 높은 톤으로 말하는 사람, 낮은 톤으로 말하는 사람, 힘 있게 말하는 사람, 힘 빼고 말하는 사람, 크게 말하는 사람, 작게 말하는 사람, 말 그대로 천차만별

가지각색이다.

요점은 상대가 말에 투여하는 에너지 수준에 보조를 맞추는 것이다. 전문용어로는 매칭과 미러링(Matching and Mirroring)으로, 상대의 자세와 몸동작에 나의 움직임을 일치시키고 거울처럼 반영한다는 뜻이다. '나와 많이 닮았네'와 같은 동질감 내지는 '나랑 같은 과구나' 같은 동지애를 유발하는 방법이다. 이런 느낌을 동족 효과(Tribal Effect)라고 부른다.

예를 몇 가지 더 들어 보자. 만약 상대가 의자에 앉은 상태에서 한 팔을 테이블 위에 올려놓고 몸을 앞으로 기울인 자세를 취하면 당신도 똑같은 자세를 취해 주는 게 좋다. 만약 상대가 걸으면서 대화를 나누는 가운데 손으로 제스처를 많이 취하면, 당신도 말을 할 때 그와 같거나 유사하게 제스처를 취해야 한다. 움직임이나 제스처를 똑같이 따라 할 필요는 없다. 자연스럽게 하라는 뜻이다.

이 방법은 두 가지 이유로 라포 형성을 촉진시킨다. 먼저 상대에게 온전히 집중할 수 있고, 상대 또한 그런 당신의 모습을 감지한다.

앞서 언급했듯이 비즈니스와 대인관계에서 사람들이 가장 많이 토로하는 불만은 '대화할 때 사람들이 건성으로 듣거나 딴전을 피운다'는 것이다. 바꿔 말하면 사람들은 자신에게 온전히 집중해 주는 사람에게는 호감을 느끼고, 심지어 고마워하기까지 한다는 이야기다.

또 하나는 상대에게 자신의 움직임과 에너지에 대한 긍정적인 반향을 불러일으킨다. 자신의 에너지가 연결된 뒤에는 서서히 원래 자신의 스타일로 되돌아와도 무방하다. 일차적 연결이란 곧 빗장이 풀렸음을 의미한다. 이제는 상대가 당신의 페이스와 스타일에 보조를 맞춰 줄 가능성이 높다. 이렇게 진행되면 즉각적으로 강력한 수준의 라포가 형성되고, 그것을 토대로 지속성 있는 라포로 이어진다.

투영 기법 ────

두 번째 방법은 투영(Projection)이다. 투영은 우리가 자신에게 가진 호감의 정도와 동일하게 상대가 나에게 가지는 걸 의미한다. 우리가 스스로를 좋아하는 만큼 상대도 우리를 좋아하도록 만든다는 말이다. 따라서 투영 기법이 효과적으로 일어나려면 먼저 스스로에 대한 호감이 커야 한다. 나보다 먼저 나를 좋아하게 만드는 일은 불가능하니까.

당신은 자신의 어떤 점을 좋아하는가, 혹은 자신의 어떤 점에 상대가 호감을 느끼면 좋겠는가? 사람마다 다르긴 해도, 공통적인 부분이 많을 것이다.

여기서는 대부분이 갖추고 싶어 하고 갖출 수 있는, 그것을 갖춘 사람이라면 모두가 자신을 좋아하게 되는 일반적인 자질에 초점을 맞춰 보기로 하자. 혹시 자신에게 그런 자질이 별로 없다는 생각이 들더라도 포기하지 말자. 거듭 말하지만 누구나 갖출 수 있는 자질이다.

일반적으로 라포 형성에 크게 도움이 되는 자질은 침착함과 자신감, 여유로운 태도다. 누구든 호감을 느낄 수 있는 자질이기에 그렇다. 다행히 이런 자질은 사고방식을 바꾸는 것으로 충분히 확보할 수 있다. 걸맞은 사고방식을 갖추고 그런 자신을 좋아하는 느낌을 가진 후 상대에게 다가가 그 느낌을 투사하라. 그렇게 자신감을 상대에게 투영하는 것에 대해 생각하기만 해도 내면이 강화된다.

투영은 내면의 에너지를 창출하고 강화하도록 돕는 사고방식이다. 우리의 몸동작은 그런 내면의 에너지에 부응해 스스로를 보다 매력적으로 만든다. 더불어 사람들 또한 그것을 감지하게 된다.

심상 리허설 기법 ────

심상 리허설(Visualization Rehearsal)이라는 것이 있다. 아는 사람이든 모르는 사람이든 만남을 준비할 때 당신의 내면에 좋은 에너지를 만들도록 돕는 방법이다. 약속 장소에 나가기 전에 그 사람을 만나 라포를 형성하는 과정에 대해 상상하는 것이다. 잠시 시간을 내서 자리에 앉아 약속 장소에 나갔다고 가정하고 그 만남의 전 과정을 마음속에 그려 보라. 어떤 것을 보고, 어떤 대화를 나누고, 어떤 느낌을 갖게 될 것인지 구체적으로 상상하는 게 중요하다. 이때 서로 도움이 되는 관계를 맺겠다는 의도를 전제에 둬야 한다. 라포의 핵심은 '윈-윈'이다. 짝사랑이나 일방적 감정 소비는 라포가 아니다.

이런 식의 사전 리허설을 마치고 약속 장소에 나가면 실제로 에너지가 긍정적인 방향으로 흐른다. 우리는 더욱 차분하게 매력을 발산하며 편안한 마음과 여유로운 태도를 갖게 될 것이다.

라포 형성에 도움이 되는 행동들

- **매칭과 미러링**

  '나와 많이 닮았네'와 같은 동질감 내지는 '나랑 같은 과구나' 같은 동지애를 유발해 보자.

- **투영**

  걸맞은 사고방식을 갖추고 그런 자신을 좋아하는 느낌을 가진 후 상대에게 다가가 그 느낌을 투사해 보자.

- **심상 리허설**

  잠시 시간을 내서 자리에 앉아 약속 장소에 나갔다고 가정하고 그 만남의 전 과정을 마음속에 그려 보자.

만담가인 우쓰미 케이코 씨.

그의 세 번째 아버지는 이발사이다.

그 아버지가 입버릇처럼 하는 말이

'내가 웃으면 거울이 웃는다'였단다.

우쓰미 씨는 이 말을 좋아해서

자신의 좌우명으로 삼고 있다고 한다.

나도 나만의 격언을 가지고 있다.

'거울은 먼저 웃지 않는다.'

언제 어디서나 먼저 웃음을 보이는 삶을

살고 싶다고 나 자신을 타이른다.

—가네히라 케노스케, 『거울은 먼저 웃지 않는다』

VAK(시각, 청각, 체감각)

지금까지 라포 형성을 위한 긍정적인 에너지 창출에 필수적인 세 가지 기법을 살펴봤다. 이제는 첫 만남에서 라포를 형성하는 방법을 더 소개하고자 한다.

VAK 기법 ———

VAK는 시각(Visual)과 청각(Auditory), 체감각(Kinesthetic)의 두문자로, 의사소통 방식에서 핵심을 이루는 요소다. 대부분의 사람은 이들 요소 가운데 하나를 이용해서 정보를 처리하고, 의사 결정을 내리며, 소통하고 자신을 표현한다. 신경언어학프로그래밍(NLP)에서는 이 셋 중 어느 요소에 더 중점을 두는지를 기준으로 심리적 양상을 파악하고 치료에 반영한다.

즉 의사소통에서 어느 요소에 초점을 맞추는지를 토대로 '시각적 인간'과 '청각적 인간', '체감각적 인간' 세 가지로 구분해 접근 방식을 달리한다.

시각적 인간은 이미지에 민감하다. 또한 이미지에 대한 지각력이 높다. 그래서 말이나 글로 정보를 전달하거나 의견을 피력할 때 그림 위주의 표현을 주로 사용한다. 마찬가지 맥락으로 청각적 인간은 소리에 보다 민감해서 소리 위주의 표현을 주로 쓰고, 체감각적 인간은 느낌에 보다 민감해서 감정과 감성 위주의 표현에 주로 의존한다.

예를 들어, 시각적 단어와 몸동작을 좋아하는 시각적 인간은 "좋아 보이는데!" 내지는 "이렇게 마음속에 그려 봐" 등과 같은 말을 자주 하며 손으로 그림을 그리는 것과 같은 몸동작을 많이 취한다.

이제 이를 어떻게 활용하면 효과적인지 짐작할 수 있을 것이다. 비즈니스 미팅이나 콘퍼런스, 혹은 사교 모임에서 특정인에게 다가가고자 할 때에는 먼저 그 사람의 언어 표현과 몸동작을 유심히 살펴라. 그래서 그가 시각적 인간으로 판단되거든 그와 대화를 나눌 때 시각적 표현과 몸동작을 동원하는 데 주력하면 된다. 만약 당신이 시각적 인간이 아니라서 그런 표현들이 잘 떠오르지 않는다면 손으로 이미지나 그림을 그리는 방법만이라도 자주 쓰면 된다. 그렇게만 해도 라포를 형성하는 데 도움이 될 뿐만 아니라 당신의 메시지를 보다 명료하게 이해시킬 수 있다.

청각적 인간인지는 어떻게 알까? 그들의 몸동작과 손짓은 오케스트라의 지휘자와 닮아 있다. 손이 위아래, 좌우로 리드미컬하게 움직이지만 시각적 인간의 손처럼 그림을 그리는 데 쓰이지는 않는다. 이러한 청각적 인간과 대화를 나눌 때는 "당신에게는 어떤 식으로 들립니까?" 혹은 "똑소리 나게 설명하시는군요", "맞는 소리 같지 않습니까?", "그에 대해 '얘길' 나눠 보죠" 등과 같은 청각적 표현을 동원하면 된다. 몸동작은 어떻게 하면 될까? 이미 배우지 않았는가? 매칭과 미러링 말이다. 그냥 따라 하면 된다.

체감각적 인간은 몸이나 손 등의 동작을 비교적 느린 속도로 표출하는 경향이 있다. 그들은 무엇이든 손을 대보려 하거나 두 손을 비비거나 꼬아 비튼다. 이마나 팔을 손으로 문지르기도 한다. 이런 몸동작에는 그들이 지금 느끼는 감정이 반영된다. 여유롭던 몸동작에 갑자기 속도가 붙으면 (긍정적으로든 부정적으로든) 흥분한 것으로 보면 되고, 손으로 몸에 물리적 자극을 가하면 현재의 상호작용에 상당히 불편함을 느끼는 것으로 이해하면 된다.

체감각적 인간에게 접근할 때에는 당신 역시 체감각적

유형의 몸동작을 사용하고 체감각적 표현을 섞어 말을 해야 동질감이 생겨 경계심을 풀 수 있다.

예를 들면 "이것에 대해 어떻게 느끼십니까?"나 "참으로 견고한 아이디어입니다", "의도가 무엇인지 감지되십니까?" 등과 같이 말하면 좋다.

당신 자신의 VAK 선호도는 어떠한가? 자신은 어떤 유형의 인간에 속하는지부터 인식하는 것이 중요하다. 상대가 당신과 같은 유형이라면 평소처럼 말하고 움직여도 되지만, 다른 유형이라면 그에 맞춰 당신의 방식을 바꿔야 하기 때문이다.

이를테면 당신은 시각적 인간인데 상대는 체감각적 인간으로 파악된다면 제일 먼저 몸동작 속도를 평소보다 늦춰야 한다. 손으로 그림 같은 것도 그리지 말고 상대가 보여 주는 몸동작 및 손짓과 같은 유형의 제스처를 쓰기 위해 의식적인 노력을 기울여야 한다. 그래야 라포 형성의 기회가 생긴다.

여럿이 모이는 자리에서 당신이 중요한 특정인과 라포를 형성하고 인연을 맺으려면 접촉을 하기 전에 먼저 그 사람의 몸동작을 파악하라. 그가 다른 사람과 대화를 나누고 있다면 목소리를 들을 수 있는 정도의 거리까지 다가가 그의 어조와 표현에 주의를 기울여라. 동족 효과는 그냥 만들어지는 게 아니다.

첫 만남 기법 ———

첫 만남에서 반드시 상대의 개인 공간을 존중하는 사교적인 거리를 유지하며 대화를 나눠야 한다. 첫 만남에서 사교적 거리가 아닌 사적인 거리로 근접해 개인 공간을 침해하면 모든 것이 물거품이 될 수도 있다.

상대의 VAK를 알아보는 방법

- **시각적 인간**

이미지에 민감하다. 또한 이미지에 대한 지각력이 높다. 그래서 말이나 글로 정보를 전달하거나 의견을 피력할 때 그림 위주의 표현을 주로 사용한다. 만약 당신이 시각적 인간이 아니라서 그런 표현들이 잘 떠오르지 않는다면 손으로 이미지나 그림을 그리는 방법을 써 보자.

- **청각적 인간**

소리에 보다 민감해서 소리 위주의 표현을 주로 쓴다. "당신에게는 어떤 식으로 들립니까?" 혹은 "똑소리 나게 설명하시는군요", "맞는 소리 같지 않습니까?", "그에 대해 '얘길' 나눠 보죠" 같은 청각적 표현을 동원해 보자.

- **체감각적 인간**

느낌에 보다 민감해서 감정과 감성 위주의 표현에 주로 의존한다. "이것에 대해 어떻게 느끼십니까?"나 "참으로 견고한 아이디어입니다", "의도가 무엇인지 감지되십니까?" 같이 말해 보자.

2

당신이 (상대와) 인사하기 전

이번 장에서는 '접촉의 기술'을 다룬다. 첫 만남에서 활용할 수 있는 몸동작 및 보디랭귀지와 관련된 기법에 이어 이름을 말하는 방식에 대해서 살펴본다. 거기에 사람들의 이름을 기억하는 비법까지 알아볼 것이다. 이름도 기억하지 못하면서 강력한 관계가 되기를 바라는 것은 어불성설이다. 상대의 이름을 언급하는 방식 역시 라포 형성과 관련해 많은 차이를 발생시킨다.

몸동작 및 보디랭귀지에 들어가기 전에, 앞서 언급했듯이 라포가 형성된 것으로 '가정해야' 함을 명심하자. 또한 상대가 표출하는 시각적, 청각적, 체감각적 신호를 포착하는 데에도 주의를 기울여야 한다. 물론 이런 신호는 대화에 들어간 뒤에야 드러나거나 감지될 수도 있다.

라포적 키니식스

보디랭귀지는 언어 대신 몸동작이나 손짓, 표정 같은 신체 동작으로, 의사나 감정을 표현해 전달하고 이해하는 행위다. 육체 언어, 신체 언어, 침묵의 언어며, 보디랭귀지를 연구하는 학문을 키니식스(Kinesics)라고 부른다. 미국의 인류학자 R. L. 버드위스텔(Birdwhistell)은 키니식스를 '사람 간 비언어적 커뮤니케이션의 시각적 측면에 관해 연구하는 학문'이라고 정의한 바 있다.

보디랭귀지를 사용하지 않는 사람도 없다는 뜻인데, 과연 라포를 형성하기 위해 효과적으로 쓰는 사람은 얼마나 될까? 라포 형성에 가장 효과적인 보디랭귀지 사용법을 몇 가지 알아보자. 호불호를 느낄 수 있는 표정과 제스처, 몸동작은 논외로 한다.

라포 형성을 위한 몸동작 ────

우선 상대의 걷는 방식을 주의 깊게 살펴라. 서로를 향해 걷는 경우에 해당하는 사항이다. 예를 들어 상대가 팔을 크게 흔들며 걸으면, 당신도 팔이 올라가는 높이를 약간 높이는 식으로 동조하면 된다. 반대로 팔을 아래로 늘어뜨린 채 거의 움직이지 않으면, 당신도 가급적 팔의 움직임을 없애면서 다가선다. 정확하게 따라 해야 원하는 효과를 얻을 수 있는 것은 아니다. 그저 유사한 느낌만 조성하면 된다.

혹자는 의문을 품고 이렇게 말할 수 있다. "그런 식으로 상대의 몸동작을 따라 하면 조롱하는 걸로 생각하고 기분 나빠 하지 않을까요?"

대답은 '그렇지 않다'이다. 대부분의 사람은 당신의 행동을 인식하지 못한다. 그저 자신과 비슷한 부류라고 '무의식적'으로 느낄 뿐이다. 매칭과 미러링은 커뮤니케이션에 유연성과 개방성을 더해 준다. 상대를 보다 편안하게 만들고, 열린 마음을 갖도록 이끌기 때문이다. 유연한 사고와 열린 마음이야말로 90초 이내에 라포를 형성하는 데 필수적 요소다.

라포 형성의 증거 ─────

라포가 형성되었음을 알리는 한 가지는 상대가 당신을 따라 똑같은 동작을 취하는 경우다. 예를 들어 테이블 위에 커피 잔을 올려놓고 대화를 나누고 있다. 이때 당신이 커피 잔을 들어 입에 대자마자 상대도 거의 같은 동작으로 커피 잔을 들어 입에 대면 라포가 형성되었다는 증거다.

서로 조화를 이루며 동조하는 상태에 들어간 것이다. 이와 유사한 또 다른 예는 당신이 서 있다가 짝다리를 짚는 순간 상대도 같은 자세로 바꾸면 라포가 형성된 것으로 봐도 무방하다.

라포가 형성되었음을 알 수 있는 신호는 몸동작과 관

련된 것 말고도 몇 가지가 더 있다. 대화 중에 상대가 우호적인 표정으로 다음과 같이 말한다.

"우리 전에 어디서 만난 적 있지 않나요?", "실례지만 무슨 띠세요?", "혹시 O형 아니세요?" 같은 질문이 라포의 신호다.

또 기분 나쁠 일이 전혀 없는 상황에서 얼굴이 상기되거나 붉어지는 경우, 표정이 눈에 띄게 환해져서 30초 이상 지속되는 경우도 마찬가지다.

마지막으로 라포 형성의 확실한 증거 한 가지를 덧붙이면, 대화의 주도권이나 페이스가 당신에게 넘어오는 경우다. 상대가 주도하던 대화를 당신이 주도하게 된다든가, 페이스를 이끌던 상대가 당신의 페이스에 맞추면 라포가 형성된 것으로 믿어도 된다.

적절한 시선 처리 ─────

시선 처리는 관계를 맺고 싶은 누군가와 접촉할 때 반드시 유념해야 할 보디랭귀지다. 시선을 어디에 두느냐에 따라 상대는 당신이 자신감이 있는지 없는지, 정직한지 아닌지, 듣고 있는지 아닌지, 예의가 있는지 없는지 등을 판단한다. 일단 시선을 마주치는 행위에는 상대를 인정한다는 의미가 담겼다는 것부터 염두에 두자.

그렇다면 대화 중에 어느 정도 눈을 마주치는 것이 적절할까? 연구에 따르면 대화를 나누는 시간의 50~75퍼센트는 눈을 마주쳐야 서로 어색함이나 불편함을 느끼지 않는다고 한다. 바꿔 말하면, 대화를 나누면서 50퍼센트 이상은 상대의 눈을 봐 줘야 대화가 순조롭게 진행된다.

당신이 경청을 해야 하는 상황에서는 상대와 말하는 내내 시선을 마주쳐도 무방하다. 상대의 말 한마디 한마디를 새겨듣고 있다는 의미로 받아들여질 수 있기 때문이다. 하지만 그 외의 상황에서 계속 꿰뚫듯이 시선을 마주치는 것은 너무 공격적으로 비칠 수 있다. 그래서 50~75퍼센트가 적절하다는 결과가 나온 것이다. 그러니까 한동안 쳐다보다 시선을 거두는 게 바람직하다는 얘긴데, 여기서 주의할 것은 어느 방향으로 시선을 돌리느냐다.

시선을 거둘 때는 반드시 아래나 옆으로 돌려야 한다. 조금이라도 위로 시선을 올려서는 안 된다. 시선을 떼면서 위를 쳐다보는 것은 듣는 내용이 마땅치 않다거나 딴 생각을 한다는 느낌을 주기 십상이다. 습관적으로 고개를 약간 젖히며 사선으로 먼 곳을 바라보는 사람이 많은데, 그러면 상대는 자신이 말하는 중요한 내용이 제대로 전달 되지 않는다고 느낄 수밖에 없다. 당연히 라포는 형성되 기 어렵다.

하지만 눈을 내리거나 옆으로 돌리면 사뭇 다른 느낌을 갖게 한다. 눈을 마주치며 듣다가 잠시 눈을 내리면 대화 의 내용에 깊이 공감하는 것으로 인식이 되고, 옆으로 돌 리면 내용을 곰곰이 생각하는 것으로 인식된다. 이 두 가 지 경우라야 라포의 형성이나 유지에 보탬이 될 수 있다.

보디랭귀지는 라포 형성에 도움이 될 수도, 불행한 결 말을 안겨 줄 수도 있음을 기억해야 한다. 친숙하고 사근 사근한 제스처는 도움이 되지만, 시선을 피하거나 손으로 계속 딴짓을 하거나 고자세를 취하는 듯 팔짱을 끼고 있 으면 라포 형성은 고사하고 관계 자체를 종결에 이르게 할 수도 있다.

90초 이내로 상대를 사로잡는 보디랭귀지

- **상대 행동 따라하기**

  상대의 보디랭귀지를 따라 한다. 대부분의 사람은 당신의 행동을 인식하지 못하고, 그저 자신과 비슷한 부류라고 '무의식적'으로 느낄 뿐이다.

- **적절한 시선 처리**

  대화를 나누는 시간의 50~75퍼센트는 눈을 마주쳐야 서로 어색함이나 불편함을 느끼지 않는다. 시선을 거둘 때는 반드시 아래나 옆으로 돌려야 한다. 조금이라도 위로 시선을 올려서는 안 된다. 딴전 피우는 걸로 보일 수 있다. 아래로 돌릴 경우 대화의 내용에 깊이 공감하는 것으로 인식이 되고, 옆으로 돌리면 내용을 곰곰이 생각하는 것으로 인식된다.

R A P P O R T

첫인상을 좌우하는 것으로,

55%가 표정, 동작, 몸짓, 자세, 용모이고,

38%가 주변언어, 즉 목소리의 고저, 대소, 억양, 속도이며,

7%가 말, 말씨로 나타난다.

—앨버트 메라비언

악수할 때 필요한 포지셔닝

라포 형성에 있어 악수의 스킬은 중요하다. 힘 조절, 위치, 거리에 따라 상대가 느끼는 감정이 달라지기 때문이다. 개인 성향이 각기 다르므로 반응을 잘 살피면서 시도해야 한다.

악수는 자신감과 호감의 표현이다 ———

악수할 때는 상대가 손에 가하는 힘과 비등하게 힘을 주
는 게 기본이다. 처음 만나는 사이에 상대가 불편해 하거
나 아파할 정도의 힘을 가하는 사람은 거의 없다. 따라서
상대가 가하는 힘에 맞춰 강약을 조절하면 된다.

　당신보다 소극적으로 상대가 악수를 할 때는 일단 맞
춰 준 다음에 약간의 기운과 적극성을 담아 한 단계 올
려 주는 방식이 바람직하다. 약간의 힘을 더해 당신의 관
심과 성의를 보여 주는 것이다. 먼저 맞춰 준 후 거부감을
느끼지 않는 수준에서 활력 있는 방향으로 이끌어 주는
것이기 때문이다. 이 경우 일반적으로 자신감과 호감의
표시로 인식된다. 소극적인 성향일수록 자신보다 더 소극
적이거나 더 처지는 사람은 달가워하지 않는다.

적절한 포지션과 거리 ─────

포지셔닝은 라포 형성에서 악수와 불가분의 관계에 있으면서 보다 영향을 미치는 요소다. 포지션, 즉 위치를 어떻게 잡느냐 하는 문제다. 가장 중요한 사항은 상황에 맞는 적절한 거리를 고려해서 포지션을 취하는 것이다. 사람과 사람 사이에는 공간이 필요하다. 또한 서로 적절하다고 느끼는 개인 공간은 문화와 관계에 따라 다양하며, 상황에 따라 달라질 수 있다. 예컨대 어떤 문화권에서는 아주 가까이 서서 대화를 나누는 게 일반적이지만, 또 어떤 문화권에서는 그것이 무례하거나 거슬리는 행태로 이해될 수 있다.

커뮤니케이션 참여자 사이의 물리적 거리를 연구하는 분야는 공간학(Proxemics)에 속한다. 사회 환경이나 주거 환경의 공간은 물론, 사람 간 적절한 공간 역시 연구되고 있다. 이 분야의 선구자격인 문화인류학자 에드워드 홀 (Edward T. Hall)은 사람들이 상황에 따라 이용하는 표준 공간의 거리를 다음 네 가지로 나눠 설명했다.

- **친밀한 거리**(Intimate Distance): 45센티미터 이내의 거리. 엄마와 아기, 연인 사이 등 매우 가까운 관계에서 유지되는 거리다.
- **개인적 거리**(Personal Distance): 45~120센티미터의 거리. 친근한 대화를 나누기에 좋은 거리다. 악수를 하거나 눈 맞춤을 유지하거나 얼굴 표정과 몸의 움직임을 파악하기에 충분한 거리다.
- **사회적 거리**(Social Distance): 120~360센티미터의 거리. 사무실이나 회의실에서 공적인 업무로 대화하거나 사교 모임에서 공개적인 대화를 나눌 때 주로 이용되는 거리다.
- **공적 거리**(Public Distance): 360센티미터 이상의 거리. 다수의 청중을 상대로 한 연설이나 강연 등에 이용되는 거리다.

개인 공간에 대한 인식이나 느낌은 사람마다 다르다. 어떤 사람은 개인 공간에 대해 극도로 방어적인 자세를 취하고, 어떤 사람은 아무 거리낌 없이 개방적으로 나온다. 따라서 상대의 반응을 잘 살펴서 포지션을 취해야 한다. 만약 상대가 몸을 뒤로 기울이면 이는 곧 당신이 너무 가까이 다가서서 그의 개인 공간을 침해하고 있다는 의미다.

이 4단계가 너무 뻔하다고 생각할 수도 있다. 하지만 이 모든 단계를 올바르게 실행하는 사람은 그리 많지 않다. 많은 사람이 이 부분을 쉽게 생각해 사소한 실수를 저지르며 라포 형성의 기회를 놓친다.

신뢰감을 주는 포지션 ————

악수를 하러 상대에게 다가설 경우에는 '개방된 포지션을 취해야' 한다. 상대가 위협을 느끼지 않는 포지션에 서기 위해서다. 당신의 오른쪽 어깨와 상대의 오른쪽 어깨가 마주하도록 옆으로 약간 비켜서는 것이 좋다. 정면으로 막아서면 안 된다.

남자들은 다른 남자와 마주서거나 여러 남자가 자신을 둘러쌀 때 공간에 대해 매우 민감하게 반응한다. 생존 반응에 가깝다. 낯선 타인이 자신의 공간에 들어서면 위협이나 불안을 느끼고 본능적으로 경계 태세를 갖추는 것이다. 다시 말하지만 이는 여성보다 남성이 더 민감하다. 모든 남자는 아니지만 대부분이 그렇다.

남성에게 다가가 악수할 경우 서로 오른쪽 어깨가 마주하도록 서면 상대는 괜한 경계심 따위는 품지도 않고,

열린 마음으로 당신의 메시지에 귀를 기울인다. 라포 형성의 기회가 활짝 열리는 셈이다. 상대가 긴장을 풀고 편안하게 마음을 열면 연결은 절로 이뤄진다. 그렇게 라포를 형성해 가며 얼굴을 마주하는 포지션으로 움직이면 된다.

여자들은 대부분 사교적이라 당신이 적절한 거리만 유지하면 어디에 서든 개의치 않는다. 정면으로 얼굴을 마주하면서도 남자들처럼 경계심을 갖거나 부정적인 반응을 보이지 않는다. 만약 당신이 여성이라면 남자와 처음 만날 때 정면으로 얼굴을 마주하지 않도록 주의할 필요가 있다. 당신이 여성이든 남성이든, 상대가 남성이든 여성이든 일단 안전한 방법은 서로 오른쪽 어깨가 마주하도록 비켜서는 것임을 잊지 말자.

비켜선다고 해서 옆으로 몸까지 돌려도 되는 것은 아니다. 반듯하게 장면을 향한 채 반발자국만 옆으로 비켜서서 손을 내밀고 상대의 눈을 바라보면 된다.

처음 만났는데 정면으로 얼굴을 마주하는 포지션은 앉아 있을 때에도 대화에 부정적 영향을 미친다. 따라서 앉아서 대화를 나눌 때에도 서로의 오른쪽 어깨가 마주하도록 포지션을 취하는 게 좋다. 당신의 의자를 당신의 왼쪽 방향으로 조금 옮겨 놓고 앉으면 된다. 대립적이고 공격적인 포지셔닝의 좋은 예를 하나 들자면, 사람을 불러서 본인의 정면에 앉혀 놓고 "당신, 해고야!" 하고 말하는 도널드 트럼프(Donald Trump)를 들 수 있다. 어떤 느낌일지 짐작이 가지 않는가?

이 분야의 전문가들에 따르면 사람은 상대가 자신의 오른쪽에 위치하는 경우 좌뇌가 보다 활성화된다고 한다. 좌뇌는 감정에 치우치지 않는 분석적 활동에 주력한다. 괜한 불안이나 두려움부터 발동하는 우뇌가 아니라 이성적으로 판단하는 좌뇌가 주도하는 경우 사람은 보다 열린 마음을 가질 수 있다. 결국 악수하거나 대화할 때 특정한 포지션을 취하는 것은 불안감을 개입시키느냐, 여유를 개입시키느냐의 문제가 된다. 어느 쪽이 신뢰감을 주며 라포를 형성하는 데 유리할 것 같은가?

메시지를 전하는 보디랭귀지 ────

악수와 관련된 라포 형성 기법을 두 개 더 소개하겠다. 먼저 악수할 때 다른 한 손을 상대의 팔뚝 위에 가볍게 올렸다 내리는 기법이다. 이는 '당신을 받아들인다' 내지는 '당신을 괜찮은 사람으로 생각한다'는 메시지를 전하는 보디랭귀지다. 이 경우 상대는 그런 메시지를 잠재적으로 감지한다. 여기서 중요한 것은 가볍게 터치하는 것이다. 결코 부여잡는 것이 아니다. 악수하는 동안 올려놓았다가 악수를 마칠 때 내리면 된다. 이성 간에도 쓸 수 있는 기법이지만 쓰다듬어서는 안 된다는 점만 유념하라.

또 한 가지. 악수할 때는 반드시 상대 쪽을 향해 발을 둬야 한다. 다른 방향으로 발을 향한 채 몸을 돌려 악수를 하는 것은 결례에 해당한다. 대화를 할 때도 마찬가지다. 약간 비켜선 가운데 서로의 오른발이 마주하는 식으로 포지션을 취하고 대화를 나눠야 마땅하다.

악수로 긍정적인 첫인상을 만드는 9단계

- 라포를 가정한다.

- 시선을 맞춘다.

- 미소를 짓는다.

- 양손바닥을 벌려 보이는 보디랭귀지로 열린 자세를 취한다.

- 악수의 강약을 맞춘다.

- 서로의 오른쪽 어깨가 마주하게 중립적인 포지션을 취한다.

- 악수를 하는 동안 상대의 팔뚝에 가볍게 손을 올린다.

- 개인 공간에 대한 반응을 살펴 안락한 거리를 유지한다.

- 매칭과 미러링으로 조화를 형성한다.

RAPPORT

잠시 당신의 자세를 점검하라.

코는 약간 위로 올리고, 눈은 지평선 위 먼 곳을 바라보고,

어깨는 편안하게 뒤로 젖혀졌는가?

그렇다면 이제 뻣뻣하지 않게 자연스럽고 부드러운 발걸음으로

걸어가면서 이 자세를 유지한다.

새로운 걷기 자세 덕분에

당신의 자신감도 커지는 것이 느껴지는가?

승자의 기분을 만끽하라. 세상은 당신 것이다.

–프랑크 나우만, 『호감의 법칙』

소품 활용의 황금률

첫 만남에서 명함이나 자료 등을 주고받는 과정도 신뢰를 구축할 수 있는 좋은 기회가 된다. 이것을 어떻게 활용하는지에 따라 라포 형성에 큰 영향을 끼친다.

가장 중요한 것은 전하는 소품과 당신이 하는 말, 보디랭귀지 등이 모두 동일한 메시지를 전달해야 한다는 것이다.

소품을 활용하라 ————

상대를 처음 만나는 자리에서 먼저 명함이나 준비해 온 자료를 상대에게 건넨다. 나는 이것을 '소품 활용의 황금률'이라 부른다. 여기서 소품은 명함이 될 수도 있고 브로슈어가 될 수도 있다. 또는 이력서, 계약서, 마케팅 자료, 컴퓨터 화면, 영사기를 통한 프레젠테이션 등이 될 수도 있다. 이런 소품이 준비가 안 되었거나 필요 없는 상황이라면 당신 자신을 소품으로 생각하라.

이런 소품을 적절히 활용하면 신뢰를 구축하고 라포를 형성할 수도 있다. 그러나 많은 사람이 부조화의 실수를 저지른다. 다시 말해, 말과 몸동작이 서로 일치하지 않는 경우가 많다.

하는 말과 손에 든 자료, 관련짓는 무엇, 보디랭귀지 등은 모두 동일한 메시지를 전달해야 한다. 그리고 정성을 담아 가치 있고 중요한 무엇이라는 인상을 줘야 한다. 당신의 음성과 표현, 보디랭귀지가 동일한 메시지를 전해야 조화와 일관성이 느껴진다. 그리고 이렇게 되어야 신뢰가 형성된다. 다른 누군가나 경쟁자를 지칭할 때는 표현과 몸짓으로 그다지 가치가 없다는 메시지를 전해도 무방하다. 하지만 당신과 관련된 소품을 건넬 때는 표현과 몸짓을 일치시키며 정성을 담아야 한다.

가치 있게 건네라 ─────

소품 활용의 첫 번째 원칙은 가치 있게 건네는 것이다. 아끼는 보물을 내주듯 천천히 우아하게 건네야 한다. 그래야 상대가 그것을 중요한 정보로 인식하게 된다.

누군가가 당신에게 이렇게 말하는 상황을 상상해 보자.

"여기 제 명함하고 회사 브로슈어입니다. 저희 회사의 서비스가 얼마나 훌륭한지 금방 이해하실 수 있습니다."

이렇게 말하고는 그것을 테이블 위에 툭 내려놓으면 당신은 어떻게 생각하겠는가? 말과 행동이 완전히 다르다는 느낌이 들지 않을까? 자신의 전문 분야와 직책, 연락처를 알리는 명함과 훌륭한 서비스를 소개하는 자료를 스스로 가치 있지 않은 것으로 만들어 놓은 셈이다. 말로만 "나는 당신에게 도움을 줄 수 있는 중요한 사람"이라거나 "놓치면 후회할 귀중한 내용을 담고 있는 자료"라고 한들 과연 그게 먹히겠는가?

무슨 자료든 정성을 담아 건네면 긍정적인 주목 효과를 창출할 수 있다. 즉 상대의 주의를 끌어 중요한 정보를 받는다는 느낌을 갖게 할 수 있다. 말과 행동에 일관성과 조화를 유지해야 신뢰감을 조성할 수 있다. 말과 행동을 통합해 메시지를 해석하는 것은 우리의 보편적인 습성이자 잠재의식적인 커뮤니케이션의 한 형태다.

귀하게 다뤄라 ────

소품 활용의 두 번째 원칙은 '가치 있게 받는 것'이다. 상대가 자신의 명함이나 자료를 건네면 역시 정성을 담아 가치 있게 받아야 한다. 부여잡아 빠르게 치워 놓거나 손에 들긴 하되 눈여겨보지 않으면 상대가 어떻게 느끼겠는가? 설령 나중에 자세히 보려는 의도가 있다고 해도 그것을 상대가 알 도리는 없다.

상대가 제공하는 무엇이든 일단 그 자리에서 귀중하게 받으며 중요하게 생각한다는 느낌을 줘야 신뢰감이 조성된다. 제공하는 것이 귀하게 여겨지지 않는다고 느끼면 상대는 좋은 정보를 더 제공하고픈 마음이 생기지 않는다. 만약 그것이 모종의 제안서나 신용 정보 같은 민감한 자료라면 상대는 더욱 마음이 상하게 되고 라포 형성은 완전히 물 건너가는 것으로 보면 된다. 그러므로 항상 무엇이든 가치 있게 받고 그 자리에서 눈여겨 살펴보라.

다시 말하지만 가치 있게 받아 살피면 강력한 신뢰감이 창출된다. 상대가 '이 사람은 무엇을 줘도 잘 다뤄 줄 것 같군'이라는 믿음을 갖는다. 그런 사람에게 더 주고 싶은 게 인지상정이다.

반대로 무언가를 받아 "좋은 정보, 고맙습니다"라고 말하곤 곧바로 한쪽으로 치워 놓고 거들떠보지도 않는다면 상대는 어떻게 생각할까? 말과 행동이 일치하지 않으면 메시지에 혼선이 생기기 마련이다. 그런 경우 사람들은 대부분 잠재적으로 '이 사람은 무엇을 주든 잘 다루지 않을 가능성이 높구나'라고 생각한다. 이런 행동은 리더십과 동기부여 측면에서 조직 내부에도 크게 영향을 미친다.

한 번은 청중 가운데 한 명이 손을 들고 이렇게 말했다.

"무슨 말인지 잘 알겠습니다. 저도 비슷한 경험이 있습니다. 상사에게 보고서를 제출했는데 세 시간 후에 문서를 추가하라고 지시가 떨어졌습니다. 그래서 또 많은 시간과 공을 들여 완성해서 갖다 드렸습니다. 정말 정성을 다해 완벽하게 만들었기 때문에 자부심까지 느껴질 정도였습니다. 그런데 상사는 서류를 받아들고 바닥에 내려놓더니 수고했다고 말하고는 자신이 하던 일을 하더군요. 그 순간 내가 준비한 모든 자료와 모든 노력이 하찮게 여겨진다는 느낌이 강하게 일었습니다."

만약 당신이 리더의 자리에 있다면 클라이언트에게든 직원에게든 그들이 무엇을 건네도 가치 있게 받아 즉시 확인하는 성의를 보여라. 그들이 당신에게 제공한 무엇에 대해 그 진가를 진정으로 인정한다는 태도를 보여야 한다. 그래야 그들 또한 당신에게 도움이 되는 무언가를 더 많이 줄 수 있다. 그들과 그들의 노력을 존중해 준다고 느끼기 때문이다. 귀중하게 다루며 그 자리에서 즉시 살피는 단순한 제스처만으로도 당신은 라포를 형성하고 많은 사람을 당신의 편으로 만들 수 있다.

자신의 소품도 그렇게 귀중하게 다뤄야 하는 것은 물론이다. 내가 코칭을 제공한 한 저자는 강연이나 프레젠테이션을 하는 도중에 자신의 책을 들고 달랑거리는 버릇이 있었다. 책을 소개할 때면 늘 "이게 제가 쓴 책인데요"라고 말하면서 좌우로 달랑달랑 흔들어 댔다. 저서를 자랑하면서 몸으로는 별로 가치가 없거나 중요하지 않은 것처럼 움직인 것이다. 스스로 귀하게 다루지 않으면서 남한테는 인정을 받고 싶어 한다면, 그런 부조화가 또 어디에 있겠는가. 당신의 소중한 제품을 들고 있거나 소개할 때에는 가치 있게 몸동작을 취해야 한다. 그래야 상대도 그것을 가치 있는 무엇으로 간주한다.

우아하게 가리켜라 ────

세 번째 원칙은 무언가를 가리키는 방식과 관련이 있다. 보고서나 컴퓨터 화면 등을 가리킬 때에는 물 흐르듯 부드럽고 우아한 제스처를 취해야 한다. 그래야 상대의 주의를 끌며 인식률을 높일 수 있기 때문이다.

예를 들어, 화면상의 어떤 요점을 가리키는 경우에 천천히 우아하게 손짓을 하며 "우리는 이와 같이 여러분을 도울 수 있습니다" 하고 말하는 식이다. 이렇게 하면 상대는 그 특정한 메시지에 주목하며 중요한 것으로 인식한다. 상대에게 "이게 우리 회사의 안내 자료입니다" 또는 "이것이 제 연락처입니다" 하고 말할 때는 항상 당신의 보디랭귀지 역시 그것이 중요하고 가치 있는 정보라는 메시지를 담아야 한다. 가리키는 몸짓만으로도 그런 느낌을 전할 수 있다. 이와 같은 소품 활용의 황금률을 제대로 알고 전략적으로 이용하면 당신의 제품이나 서비스에 보다 많은 가치와 중요성을 부여할 수 있다.

90초 안에 상대에게 신뢰를 얻는 방법

- 관계를 맺고자 하는 상대에게 다가갈 때에는 양손을 약간 벌리고 손 바닥을 펼쳐 보여라. 대화를 나누는 처음 90초 정도 가급적 그런 자 세를 유지하라. '나는 숨길 게 없는 사람이니 믿어도 된다'라는 내용 을 전하는 보디랭귀지다.

- 휴대전화와 블루투스 장치가 일상을 지배하는 세상이다. 이런 시대 일수록 사람을 만날 때는 플러그를 뽑고 현재에 집중해야 한다. '지 금 이 순간 당신과의 만남에 집중한다'는 메시지부터 전해야 라포 형 성의 문을 열 수 있다. 휴대전화도 마찬가지다. 대화 중에 손에 들고 있는 경우가 흔한데 그 또한 라포를 형성하는 데 전혀 도움이 안 되 는 행위다. 휴대전화는 눈에 안 띄게 가방이나 주머니에 넣어 두고, 경우에 따라서는 끄거나 진동으로 해 두는 게 바람직하다. 상대와의 만남을 존중하는 기본자세다.

- 처음 만나서 같이 문을 지나는 경우, 먼저 문을 열고 잡아 주는 친 절을 베풀라. 이는 단순하면서도 매우 강력한 효과를 내는 기법이다. 사람들로 하여금 대우받는다는 느낌이 들며 기분이 좋아지게 만든 다. 많은 사람이 간단하지만 중요한 기회를 종종 놓친다. 엘리베이터 를 탈 때도 마찬가지다. 뒤에 타는 사람을 위해 열림 버튼을 누르고

기다리는 호의를 베풀라. 모르는 사람들과도 즉시 라포의 계기를 마련할 수 있다.

쉽고 단순한 이런 행동들은 신뢰감을 조성할 뿐 아니라 기존의 신뢰감을 강화하는 데에도 도움이 된다. 잊지 말자. 라포는 신뢰에서 출발한다.

신뢰를 주는 소품 활용법

소품을 적절히 활용해야 신뢰를 구축하고 라포를 형성할 수 있다. 신뢰를 확보할 소품을 주고 몸동작은 성의없다면 이보다 더한 부조화는 없다.

따라서 소품은,

- 가치 있게 건네야 한다. 정성을 담아 보자.
- 받는 입장이면 귀하게 다뤄야 한다. 이 사람은 무엇을 줘도 잘 다뤄 줄 것 같다는 인상을 주자.
- 우아하게 가리켜야 한다. 행동에 우아함을 곁들여 보자.

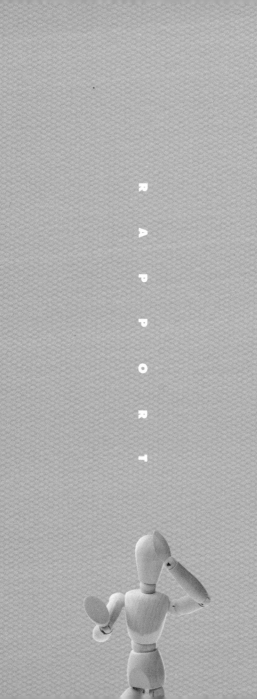

RAPPORT

저 큰 나무를 봐 우리가 관계를 맺는다는 건

나무에서 떨어진 씨앗 하나가 작은 나무가 되는 일이야

작은 나무가 자라서 우리에게 그늘 주는

저 큰 나무가 되는 일이야

한 번에 큰 나무는 절대 만들어질 수 없지

때에 맞게 마음 주고 말을 나누며

작은 잎새 올라오면 깊은 눈빛도 건네주며

시간이라는 거름이 알맞게 주어지면

우리의 만남도 언젠가는 큰 나무로 자라겠지

– 이정숙, 『길을 떠나면』 중 「큰 나무를 믿다」

이름 기억법

누구에게나 이름은 소중한 법이다. 그렇기 때문에 즉각적인 라포 형성의 요긴한 요소로 활용할 수 있다. 또한 그렇기 때문에 우리는 이름을 기억하는 법을 배워야 한다. 사람 이름을 잘 기억하지 못하는 사람을 흔히 볼 수 있다. 만약 당신이 그 때문에 때로 곤란을 겪는 부류에 속한다면 이제부터라도 의식적인 노력을 기울여야 한다. 그래야 상대가 자신의 이름을 말할 때 주의 깊게 듣고 머릿속에 갈무리할 수 있다. '난 원래 이름을 잘 기억 못해', 계속 이런 생각만 갖는다면 갈수록 기억하지 못하게 되고 더 많은 불편이나 곤경을 겪게 될 것이다.

매칭과 미러링을 활용하라 ————

지금부터 이름을 기억하는 방법에 대해서 알아보자.

상대가 자신을 소개할 때 그가 자신의 이름을 어떻게 말하는지를 주의 깊게 들어라. 그리고 나도 똑같이 그의 이름을 말해 본다. 매칭과 미러링의 기법을 적용하는 것이다. 여기서 들려주는 대상은 상대와 나 두 사람 모두이다.

똑같이 소리 내어 상대의 이름을 말할 때 염두에 둬야할 점이 있다. 목소리의 크기다. 상대가 이름을 크게 말했는가, 아니면 부드럽게 말했는가? 다음은 음조다. 높은 음조로 말했는가, 아니면 낮은 음조로 말했는가? 그리고 속도다. 빠르게 말했는가, 느리게 말했는가?

이 세 가지를 그대로 반영해서 똑같이 말해야 정확하게 확인할 수 있고 또 제대로 기억할 수 있다. 발음상 혼동이 우려되는 경우에는 철자를 물은 후 다시 소리 내어 되뇌

어야 한다.

　세계화의 물결이 국경을 넘나들면서 공동체 내에 다문화의 비중이 높아지고 있다. 다양한 국적의 외국인들과 접촉하는 경우가 늘고 있는 것이다. 따라서 어떤 상황에서든 이름을 제대로 말하고 발음하는 것이 다른 사람과 얼마나 관계를 잘 맺느냐를 결정짓는 중요한 요소가 될 수 있다.

　만약 상대가 이름에 특정한 억양을 가미해 발음하면 그것까지 따라서 발음해 주는 게 좋다. 아주 똑같이 소리가 나지 않더라도 상대는 당신이 보여 준 관심과 노력에 고마워할 것이다. 이는 직접 만나는 자리든 전화통화를 하든 아니면 음성사서함에 메시지를 남기든 모두 같은 방식으로 적용할 수 있고 같은 효과를 거둘 수 있다.

　최근 내가 주최한 한 세미나에서 어떤 여성이 이렇게 말했다.

　"제 이야기를 들려주고 싶습니다. 제 이름은 마리아인데요, 스스로를 소개할 때면 항상 저는 이렇게 남미 특유의 억양을 넣어서 '마리~

아'라고 합니다. 하지만 사람들은 그런 억양 없이 제 이름을 말하곤 맙니다. 제가 다시 두세 번 '마리~ 아'라고 해도 소용이 없어요. 그러면 저한테 별로 관심이 없구나 하는 생각이 들 수밖에 없어요."

그녀가 두세 차례 반복해서 그 억양으로 말했다는 건 그런 식으로 불리고 싶다는 뜻이다. 따라서 호응이 없으면 실망할 수밖에 없다.

이렇게 이름이 불리는 방식에 대해서 민감한 사람들이 우리 주변에는 의외로 많다. 물론 어떤 사람들은 이런 부분에 대해 별다른 신경을 쓰지 않는다. 하지만 그중 상당수는 아예 포기한 경우에 속한다는 사실을 알아야 한다. 그동안의 경험을 통해 어차피 상대가 제대로 발음하지 않을 걸 아니까 어떻게 부르든 그냥 넘어가거나, 계속 만날 사이도 아닌데 아무려면 어떠냐는 식으로 대응한다. 그런 사람 앞에서 이름을 제대로 불러 주려는 노력을 기울인다면 어떻게 반응할 것 같은가? 분명 당신에게 새로운 관심을 기울이며 마음을 열 것이다.

적절한 억양과 크기, 음조, 속도를 맞춰 상대의 이름을

말하면 그것은 곧 그와 특별한 방식으로 소통한다는 뜻
이다. 그런 특별한 소통에서 바로 라포 형성과 유지의 진
정한 마법이 탄생한다.

다문화 환경에서 이름을 제대로 불러 주는 것은 잠재
의식 수준에서 즉각적이면서도 강력한 유대를 창출한다.
상대의 인종 배경을 인정하고 수용한다는 의미이기 때문
이다. 처음 만난 사람이 가족이나 친구들이 불러 주는 식
으로 자신의 이름을 불러 주는데 기분이 나쁠 사람이 있
을까? 이 역시 동족 효과를 창출할 수 있는 좋은 기회에
속한다.

주의할 점은 대화에서 이름 외에는 쓰면 안 된다. 역효
과가 발생한다. 오직 이름만 그 억양으로 말하고 나머지
는 평소의 말투를 적용해야 한다. 이는 히스패닉이든 러시
아 사람이든 동양인이든 어느 누구에게나 적용되는 사안
이다.

상대의 이름을 기억하고 바르게 발음하려면 처음에 적
어도 세 번은 그 이름을 소리 내서 말해야 한다. 처음 만
난 자리나 처음 갖는 통화에서 자연스럽고 편하게 이름을
세 차례 반복해서 말하는 방법은 다음과 같다. 대화를 예

로 삼아 살펴보자.

"안녕하세요. 저는 ○○○입니다. 성함이 어떻게 되시는지요?"

상대방이 자신의 이름을 "△△△"라고 말했다고 해 보자. 그러면
일단 되묻는 게 첫 번째다.

"△△△ 씨라고요?"

제대로 발음하고 있는지 확인하기 위해 되묻는 것이다. 그러면 상
대는 그렇다고 답하거나 고쳐서 다시 말해 줄 것이다. 그걸 듣고 말
하는 방식을 유지하거나 수정해서 다시 한 번 말하는 게 두 번째다.

"△△△ 씨."

그런 다음 상황에 맞는 인사말을 건네면서 또 한 번 이름을 말
한다.

"(만나서) 반갑습니다. △△△ 씨."

혹시 이런 생각이 들지도 모른다. '상대의 억양을 그대
로 흉내 내서 이름을 말하면 놀리거나 조롱하는 걸로 생
각하지 않을까?' 그렇지 않다. 나는 강연회에서 무수히 많
이 이 주제를 다뤘으며 그때마다 청중에게 직접 물었다.

"누군가가 여러분의 이름을 여러분의 억양을 그대로 따라 하면 기

분이 나쁩니까, 놀린다는 느낌이 듭니까?"

대답은 언제나 '그렇지 않다'였다.

상대의 이름을 되뇔 때는 눈을 맞추고 악수하며 팔뚝에 가볍게 손을 올리고 상대의 이름을 말하라. 그리고 이름은 가급적 세 차례 소리 내어 말하라. 이 모든 것이 상대의 이름을 기억하는 것은 물론 동족 효과를 창출하는 데 도움이 된다.

참여자들 사이에 라포가 형성되기 시작하면 서로 상대의 음성과 말투에 맞추는 가운데 일정 수준에서 일치가 이뤄지며 심지어 제스처와 몸동작도 점차 동일한 유형을 띠게 된다.

연상과 메모를 활용하라 ──────

상대가 이름을 말할 때 그 이름이 연상시키는 무언가를 떠올려 보자. 그렇게 하면 여간해선 잊히지 않는 수준으로 기억할 수 있다. 상대의 이름을 사물이나 개념, 알고 있는

다른 사람과 연관시키는 방법이다. 사람 이름이 무언가를 연상시키는 경우는 실로 흔하기 때문에 약간의 관심만 기울이면 얼마든지 쉽게 연결고리를 찾을 수 있다.

예컨대 '이름이 마이크라니 마이크 앞에 서는 일을 하면 어울리겠군' 내지는 '이름은 대식인데 몸이 마른 걸 보니 대식가는 아닌 게 분명해' 등과 같은 식으로 기억하는 것이다. 연결고리를 찾는 게 쉽지 않을 때는 2행시나 3행시 등으로 스토리를 만들어 기억하면 좋다.

이름 기억을 돕는 또 하나의 기법은 상대가 내민 명함에 그의 특성과 관련된 몇 마디를 적는 것이다. 이는 특히 비즈니스 관련 행사장에서 다수의 사람을 번갈아 만날 때 쓰면 좋은 기법이다. 단, 상대에게 명함에 메모를 해도 되는지 허락을 맡은 후에 그렇게 해야 한다. 어떤 사람들이나 어떤 문화권에서는 명함에 뭔가를 적는 걸 결례로 생각하기 때문이다.

"명함에 선생님과 관련된 몇 가지 사항을 적어 놔도 될까요? 나중에 헷갈리지 않도록 잘 기억하기 위해서요."

자신을 잊지 않기 위해서 메모를 한다는데 거부감을 표시할 사람은 없을 것이다. 먼저 이렇게 양해를 구하지 않고 메모를 하면 상대는 당신이 무엇을 적는지 모를 것이고 그로 인해 오해가 생길 수도 있다.

두 번째 만났을 때 발음과 억양 등을 제대로 적용해서 이름을 불러 주면 상대방은 자신이 중하고 특별하게 여겨진다는 느낌을 받는다. 기억해 둘 가치가 있으니까 그리하는 것으로 추측하기 때문이다. 라포의 강화 및 유지에 도움이 되는 것은 물론이다.

연결고리를 만들어 어필하라 ─────

상대가 나의 이름을 기억하지 못하는 상황 역시 라포 형성에 악영향을 미친다. 나 또한 상대에 대한 신뢰감 내지는 유대감을 느껴야 최상의 라포가 즉각적으로 형성되는 법이다. 따라서 나의 이름을 기억하기 쉽게 말해 주는 것이 중요하다.

사람들이 나의 이름을 잘 기억하지 못한다면 너무 빠

르게 말했거나 특색 없이 말한 경우가 대부분이다. 따라서 이름을 말하는 방식을 바꿔 적당한 속도로 또박또박 말하거나 기억하기에 쉬운 연결고리를 고안해서 같이 제시하는 게 좋다.

내가 코칭을 제공한 한 여성 클라이언트는 이제 자신을 소개할 때 이렇게 말한다.

"안녕하세요. 제 이름은 사라입니다. '사라 리 쿠키'라고 들어 보셨죠? 네, 그 쿠키처럼 저는 사람들의 삶에 달콤함을 선사하는 게 목표입니다."

그녀는 또한 이것을 비즈니스 브랜드의 일부로 활용해 고객을 만날 때면 늘 쿠키를 선물한다. 얼마나 달콤한가! 또 얼마나 잊기 어려운가!

나와 나의 이름은 사람들에게 어떻게 인식되고 어떻게 기억되는가?

이 점에 대해 곰곰이 생각해 보고 문제가 있다면 개선책을 찾아야 한다. 내가 누구를 아느냐뿐 아니라 누가 나를 아느냐(그리고 기억하느냐) 또한 중요하다는 사실을 명심하라.

라포 형성과 유지의 진정한
마법이 탄생시키는 방법

먼저 사람들의 이름을 기억하겠다는 다짐을 하라.

걸맞은 사고방식부터 갖추라는 뜻이다.

그런 후 이름을 말하는 상대의 음성과 음조, 속도, 억양을 반영

해서 최소한 세 차례 그 이름을 소리 내어 (나 자신과 상대에게) 들

려주자.

그것은 곧 그와 특별한 방식으로 소통한다는 뜻이다.

그런 특별한 소통에서 바로 라포 형성과 유지의 진정한 마법이

탄생한다.

RAPPORT

3

당신이 <small>(상대와)</small> 대화하기 전인사를 나눈 뒤 본격적으로 대화에 들어가기 전에 5분 내지 10분 혹은 그 이상의 시간이 주어진다. 만약 첫인상이나 수인사로 라포가 형성되지 않았다면 이 시간을 활용해 라포를 형성할 수 있다. 물론 라포의 문이 열린 상태라면 그것을 강화하는 데 이용할 수 있는 시간이다. 상대에 대해 알 수 있는 많은 기회가 주어지기 때문이다.

대화 중에 주의를 기울여야 할 부분은 상대의 커뮤니케이션 방식과 세상 경험(또는 인식) 파악이다. 상대를 파악하고 이해하면 첫 만남에서 라포를 형성할 수 있고, 나중에 연락하거나 다시 만날 때 라포를 유지, 강화하는 데 많은 도움이 된다.

대화는 실로 많은 것에 변화를 가할 수 있는 수단이다. 이를테면 라포 형성을 막는 모종의 방해 요소가 있다고 해 보자. 우리의 외모나 연령, 차림새 등과 관련해 상대가 어떤 편견을 가지고 있어 왠지 거부감을 갖는 경우 말이다. 우리는 대화를 통해 이를 바꿀 수 있다. 라포 형성 기술을 통해 긍정적으로 바꿔 놓으면 된다. 상대는 대화를 마치고 돌아서며 이렇게 생각할 것이다. '보기하곤 다르군. 이렇게 가까운 사이로 느껴지게 될 줄은 몰랐어. 아주 맘에 들어.' 이 장에서는 바로 이런 결과를 이끌어 내는 방법론을 다룬다.

상대에 대해 얼마나 많은 정보를 파악하고 얼마나 강력한 라포를 형성하느냐는 상당 부분 함께하는 시간의 양에 달려 있다. 더불어 어떤 표현에 주의를 기울이고 어떤 질문을 하느냐에 따라 결과가 달라지기도 한다. 이 장에서 소개하는 위험한 표현과 강력한 표현, 그리고 다음 장에서 소개할 'Power Question'은 우리를 커뮤니케이션의 달인으로 거듭나도록 도울 것이다. Power Question은 한마디로 당신이 상대에게 호감을 갖고 관심을 기울인다고 느끼도록 만드는 질문이다. 비즈니스와 사교, 인맥 구축, 면접, 가족, 친구, 연인 관계 등에 모두 적용 가능하다.

거듭 말하지만 솔직함은 최고의 감동으로 가는 지름길이다.

당연히 그 내용에는 잘한 일만 포함되어선 안 된다.

실패의 사례도 있어야 하고,

부끄럽거나 쑥스러웠던 경험도 담겨야 한다.

그것이 진정으로 사람들의 마음을 움직일 수 있는

솔직함이기 때문이다.

—윤태영, 『대통령의 말하기』

당신이 기억해야 할 언어 표현과 몸동작

커뮤니케이션을 성공시키려면 먼저 상대와 나의 유형을 파악해, 가장 효과적인 방법으로 라포를 유도해야 한다. 앞에서 간략하게 다룬 VAK 기법을 언어 표현과 몸동작에 적용하는 방법과 활용법을 구체적으로 알아볼 것이다.

대화에 VAK 기법을 적용하라 ————

앞서 간략하게 다룬 언어 표현과 몸동작을 VAK 기법과 관련해 좀 더 구체적으로 살펴보자. VAK는 사람들이 의사소통할 때 시각(Visual)과 청각(Auditory), 체감각(Kinesthetic) 중 어느 요소에 주로 의존하는지를 파악해 활용하는 것을 말한다. 여기서 한 가지 유념할 사항은 어떤 사람이 시각적이나 청각적, 또는 체감각적 인간으로 파악되었다고 해서 그 사람이 오로지 그 한 요소에만 의존한다는 의미는 아니라는 사실이다. 다만 그 요소가 지배적일 뿐이다. 유형에 따라 어느 한 요소와 관련된 표현이나 몸동작이 비교적 많이 자연스럽게 나오기 때문에 그것을 통해 어떤 유형에 속하는지 단정할 수 있다는 이야기다. 사람들은 대부분 정보를 처리하거나 의사 결정을 내릴 때 모종의 표현이나 몸동작을 수반한다. 그리고 그런 표현이나 몸동작에 자신의 성향을 담는다.

학습도 마찬가지다. 시각적 인간은 영상을 보면서 배우는 것을 좋아하는 반면, 청각적 인간은 CD나 오디오 파일을 선호한다. 체감각적 인간이라면 책을 들고 페이지를 넘기는 쪽을 택할 것이다.

커뮤니케이션을 성공시키려면 바로 이런 부분에 주의를 기울여야 한다. 상대가 시각적 인간이면 그림이나 사진, 영상 등을 보여 주며 시각적인 언어로 설명해야 쉽게 납득시킬 수 있다. 청각적 인간이면 오디오 파일을 들려주며 청각적 언어로 설명해야 바라던 효과를 거둘 수 있다. 체감각적 인간에게는 브로슈어나 샘플 등 물리적인 무언가를 직접 손에 쥐어 주고 체감각적 표현을 동원해야 효과적이다. 중간중간 여타의 요소를 쓰는 게 보이더라도 지배적인 요소에 계속 초점을 맞춰야 한다.

내 경우는 청각적 인간에 속하면서 시각을 부차적 요소로 이용한다. 듣는 것을 가장 선호하지만 경우에 따라서는 보는 것도 괜찮게 생각한다. 그래서 처음에는 어떤 정보든 청각적으로 처리하고 싶어 한다.

예를 들어 무언가 새로운 것을 배우거나 새로운 작업을 할 때면 나는 주변의 소음에 쉽게 영향을 받는다. 다른 소리가 들리면 집중력이 흐트러지는 것이다. 따라서 집중할 필요가 있을 때면 늘 음악을 끄거나 주변의 소음을 차단하는 조치부터 취한다.

마찬가지로 시각적 인간은 이미지에 쉽게 영향을 받는다. 따라서 집중할 필요가 있을 때면 문을 닫거나 창에 블라인드를 쳐야 효과가 좋을 것이다.

먼저 자신은 어떤 요소를 선호하는지 이해하는 것이 중요하다. 그래야 그것을 기준 삼아 여타의 유형과 연결하려면 무엇이 필요한지 알 수 있다. 이런 격언도 있지 않은가?

"흥미로운 사람이 되는 것보다 스스로 흥미를 느끼는 게 더 중요하다."

상대의 VAK 유형을 파악하라 ────

시각적 인간은 '이렇게 머릿속에 그려 봐', '아름다운', '그림 같은' 등의 표현을 많이 쓴다. 청각적 인간은 '맞는 소리 같아', '좋은 소리야' 등과 같이 소리 기반의 표현을 많이 쓴다. 체감각적 인간은 '견고한 아이디어야', '맞는 느낌이야', '따뜻한 온기가 느껴져' 등과 같이 체감 기반의 표현을 많이 쓴다.

시각적 인간은 빠른 속도로 걷는다. 심한 경우 몸을 앞으로 기울이고 뒤꿈치는 거의 지면에 대지 않은 채 앞발 바닥으로만 걷기도 한다. 청각적 인간은 리듬을 타며 걷는다. 몸을 좌우로 흔들며 으스대듯 걷기도 한다. 체감각적 인간은 비교적 천천히 걷는다.

시각적 인간은 내용에 걸맞은 그림을 손으로 그리면서 말하거나 설명하는 경우가 많다. 청각적 인간은 손동작을 거의 쓰지 않지만, 간혹 쓰는 경우 박자나 리듬을 맞추는 장치처럼 단순하게 리듬을 탄다. 체감각적 인간은 몸으로 느끼는 바에 기초한 손동작을 보이거나 얼굴 또는 손을 문지르기도 하고 팔을 건드리거나 두드리기도 한다.

시각적 인간은 비교적 빠른 속도로 말한다. 청각적 인간은 아예 단조롭게 말하거나 리드미컬하게 말한다. 체감각적 인간은 전형적으로 천천히 말한다.

자신의 유형을 파악하는 것도 중요하다 ————

집을 사기 위해 부동산중개소를 찾았다고 상상해 보자. 부동산중개인이 세 개의 주택을 당신에게 소개한다. 다음의 묘사를 읽고 가장 마음에 드는 집을 골라 보라.

"이 집은 매우 아름답습니다. 외부를 둘러보면 연중 계절에 맞는 색채가 펼쳐지도록 잘 꾸며 놨다는 것을 느낄 수 있습니다. 경관이 아주 탁월해 어느 방향을 보더라도 색조와 명암이 어울리며 집 앞쪽으로 펼쳐진 탁 트인 잔디밭이 시원한 시야를 확보해 줍니다. 화사한 빛으로 가득 찬 집이라고 보면 됩니다."

"이 집은 도시의 소음에서 멀리 벗어난 조용한 동네에 위치합니다. 나름의 미묘한 멋을 풍기는 독특한 인테리어가 자랑입니다. 보자마자 잘 조율된 악기처럼 관리가 되어 있다는 사실을 알 수 있습니다. 또한 특별한 마감재들이 집의 품격을 대변합니다. 고품질의 자재를 쓰는 것으로 평판이 자자한 유명한 건축업자가 지은 집입니다."

"이 집은 구조가 아주 좋습니다. 이전의 소유자가 추가한 독특한 설비 덕분에 온기가 집 안 전체에 골고루 퍼집니다. 각각의 공간이 널찍널찍하게 짜여서 여유를 느낄 수 있습니다. 집 뒤쪽으로 텃밭이 꾸며져 있어 각종 야채를 직접 재배할 수 있을 뿐 아니라 주변에 산책로가 나 있어 전원생활의 낭만도 향유할 수 있습니다. 살면 살수록 맘에 드는, 평온하고 안락한 삶을 위해 설계된 집이라고 보면 됩니다."

자, 어떤 집이 가장 맘에 드는가? 첫 번째 집이 맘에 든다면 당신은 시각적 인간이고, 두 번째 집이 맘에 들면 청각적 유형이며, 세 번째 집이 맘에 들면 체감각적 선호를 지닌 것이다.

피해야 할 몸동작 ————

누군가의 앞에 앉거나 서서 대화를 나눌 때 쓸데없이 몸을 좌우로 또는 앞뒤로 흔들거나 다리를 떠는 사람들이 있다. 이는 안정적이지 못하다는 인상을 주는 몸동작이며 라포 형성에 방해가 된다. 물론 상대가 몸을 흔들거나 특정한 몸동작을 취하는 경우는 예외다. 일정 시간 매칭과 미러링 기법을 적용할 필요가 있는 경우 말이다. 그런 경우를 제외하고는 항상 바르고 안정적인 자세로 앉거나 서는 것이 바람직하다.

누군가에게 말을 하거나 여러 사람 앞에서 프레젠테이션을 할 때는 테이블이나 의자, 강연대 등에 기대는 몸동작을 보이지 말아야 한다. 이 역시 보는 사람에게 괜한 불안감을 유발하며 경우에 따라서는 지치거나 기운이 없어서 그리하는 것처럼 비칠 수 있다. 존재감을 약화시키는 이런 몸동작은 무조건 피해야 한다.

자신감을 보여 주는 자세 ─────

서 있는 자세로 가장 바람직한 모습은 발을 어깨너비로
벌리고 서는 것이다. 자신감을 드러내며 존재감을 강화하
는 자세다. 동시에 결과적으로 주변 사람들에게 안정감을
주며 신뢰감을 높일 수 있다.

발을 붙이거나 꼬고 선 자세, 손을 가지런히 겹치거나
맞잡아 아랫배 부분에 놓는 자세는 피해야 한다. 사람을
가볍거나 미약해 보이도록 만드는 자세다. 특히 여성들이
이런 자세를 많이 취하는데 자신을 충분히 낮춰야 하는
상황에서만 통한다는 점을 알아야 한다. 습관적으로 취
해서는 안 된다. 다리를 꼬고 앉는 습성이 있는 여성은 서
있을 때도 그렇게 다리를 꼬는 경향을 보인다. 자세에는
메시지가 담긴다. 항상 자신감과 활력의 메시지가 담기도
록 주의하라.

느림과 여유의 미학 ————

빠르고 갑작스런 몸동작이나 제스처는 라포의 형성이나 유지에 전혀 도움이 되지 않는다. 위급할 게 전혀 없는 상황에서 상대를 놀라게 하면 '다음에 또 무슨 일이 벌어질지 모른다'는 생각에 경계심을 갖게 된다. 마음의 문을 열지 않게 되는 것이다. 주머니나 지갑, 가방 등에서 무언가를 꺼낼 때 또는 무언가를 테이블 위에 올려놓을 때는 항상 천천히 움직여라. 그렇게 해야 우아함과 자신감이 표출된다. 또한 그래야 상대방이나 주변 사람들이 긴장을 풀수 있다. 라포는 편안하게 열린 마음에서 시작되고 유지되는 법이다.

많은 사람이 멀티태스킹을 능력으로 착각하고 과시하곤 한다. 통화하면서 키보드를 두드리고, 이런저런 물건이나 도구까지 움직이거나 작동하면 사람들이 인상적으로 볼 거라 생각하는 것이다. 착각도 이만저만이 아니다. 전문가들에 따르면 빠르고 갑작스런 몸동작이나 멀티태스킹은 불안감을 조성하거나 '곧 이도저도 못하게 될 것 같다'는 인상만 줄 뿐이다.

대통령이나 기업 회장, 단체 대표 등 권력자들이 어떻게 움직이는지 한번 생각해 보라. 할 일이 엄청나게 많은 사람인데도 그들은 사람들 앞에서 세상의 모든 시간을 다 가진 양 여유롭게 움직인다. 우아하고 유연한 몸동작과 제스처로 '상황을 통제하고 있다'는 인상을 주는 것이다. 그들이 초조한 움직임이나 빠른 제스처를 의식적으로 피하는 이유가 무엇일까? 그들이 평정을 유지하지 않으면 사람들이 불안해 하기 때문이다. 불안하면 라포는 형성될 수 없다.

무언가를 생각할 때 손으로 얼굴을 비비는 사람들이 있다. 하지만 이 몸동작은 대개의 경우 고민이나 난감, 또는 고뇌의 신호로 해석된다. 만약 그런 습성이 있다면 의도치 않은 메시지를 전한다는 점을 인식하고 바로잡아야 한다. 어떤 몸동작이나 제스처든 상대방이나 주변 사람들을 편안하게 만들지 않으면 고쳐야 한다. 얼굴로 가는 손을 제어하고, 눈을 마주하며, 여유로운 미소를 짓고, 제스처를 유연하고 우아하게 구사하라.

동족 효과를 노려라 ──────

동족 효과와 관련해서 덧붙일 말이 있다. 대화를 나눌 때는 공통된 무언가를 찾는 게 중요하다. 스포츠가 될 수도 있고 고향이나 출신 대학, 아이들, 취미가 될 수도 있다. 공통점이 생기면 라포는 강화된다. 그 시점에 이를 때까지 보디랭귀지와 악수, 매칭과 미러링 등을 통해 형성한 라포를 훨씬 강화할 수 있다는 의미다. 아직 라포가 형성되지 않은 경우라도 서로 공통점을 발견해 그에 대한 대화를 열심히 나누다 보면 라포의 문이 열리기도 한다. 서로 닮은 구석이 있다는 인식이 곧바로 동족 효과를 창출하기 때문이다. 상대의 관심사와 취미에 관심을 기울이며 질문을 던져라. 건성으로 묻지 말고 호기심을 표하며 질문하라.

대표적인 VAK 표현

• **시각적 표현**

나타나다 / 관점 / 지평선(수평선) / 풍경 / 명확한 / 초점 / 형상 / 모습 / 반사(반영) / 시각 / 조명 / 여명 / 영화 / 그림 / 보다 / 사라지다 / 살피다 / 희미해지다 / 창백한 / 장식적인 / 예쁜 / 빛깔(색조) / 밝은 / 가벼운 / 보이는 / 보이지 않는 / 투명한 / 불투명한 / 드러내다 / 비추다 / 눈부시다 / 미 / 음영

• **청각적 표현**

말하다 / 반복하다 / 듣다 / 이야기하다 / 이야기 / 대화 / 부인하다 / 반박하다 / 강의 / 시끄러운 / 논쟁하다 / 울다 / 낱말 / 소리 / 재잘거리다 / 속삭이다 / 낄낄거리다 / 키득대다 / 내뿜다 / 리듬 / 비명 / 훌쩍이다 / 비판하다 / 지저귀다 / 음악 / 부르다 / 신음하다 / 웃다 / 우레

• **체감각적 표현**

느끼다 / 균형 / 딱딱한 / 움켜쥐다 / 갖다 / 충격적인 / 평온 / 들어 올리다 / 흥분 / 뒤집다 / 밋밋한 / 개방 / 공격 / 적극적인 / 행진 / 자다 / 모으다 / 떠돌다 / 떨다 / 부드러워지다 / 부드럽게 하다 / 사랑하다 / 흔들다 / 대체하다 / 거친 / 일하다 / 이전하다 / 강력한 / 활력

당신이 명심해야 할 언어 표현과 몸동작

• 대화에 VAK 기법을 적용하자

시각적, 청각적, 체감각적 요소가 지배적인 사람에게 대화로도 라포를 이끌어 낼 수 있다. 이때 상대 요소를 아는 것만큼 나의 요소를 아는 것도 중요하다. 상대가 나와 요소가 같다면 평상시처럼 행동하면 되기 때문이다.

• 대화 시 몸동작

앉았을 때 몸을 좌우, 앞뒤로 흔들거나 다리를 흔들면 안 된다. 서 있을 경우 발은 어깨너비로 벌려야 한다. 안정감과 더불어 자신감을 준다. 행동에는 여유를 갖자. 편안하고 열린 마음이 라포를 형성하게 한다.

• 동족 효과

공통점을 찾는 게 중요하다. 이때 건성으로 질문한다는 인식을 주지 않아야 한다.

"착한 아들을 원한다면 먼저 좋은 아빠가 되는 거고,

좋은 아빠를 원한다면 먼저 좋은 아들이 되어야겠지.

남편이나 아내, 상사나 부하직원의 경우도 마찬가지야.

간단히 말해서 세상을 바꾸는 단 한 가지 방법은

바로 자신을 바꾸는 거야."

-A.G. 로엠메르스, 『어린왕자─두 번째 이야기』

당신이 떠올릴 수 있는 최악의 그림

상대에게 자신에 대해 이해시키고 신뢰를 높이고자 할 때는 부정적인 영향을 끼치는 단어를 삼가는 동시에 행동에서도 일관성을 보여 줘야 한다.

이번 챕터에서는 라포 형성에 악영향을 미치는 표현들을 하나하나 살펴보고 이 표현들로 인해 대화가 어떻게 바뀌고, 그것이 현실에 어떤 영향을 끼치는지 구체적으로 살펴볼 것이다.

앞서 다룬 위험한 표현 세 가지 ————

앞서 다룬 위험한 표현 세 가지를 기억하는가?

- '희망하다' 또는 '바라다'
- '하지 마라' 또는 '하지 않다'
- '시도하다' 또는 '해 보려 하다'

이 세 개의 표현들에 기반을 둔 대화가 어떤 식으로 에너지와 자신감, 현실에 영향을 미치는지 살펴보자.

어떤 단어를 사용하느냐에 따라 우리가 전하려는 메시지를 파괴할 수 있다. 고객이든 친구든 가족이든 상대는 우리가 사용하는 단어에 잠재적으로 영향을 받는다. 대부분의 단어는 머릿속에 모종의 그림을 창출한다. 그림은 다시 사고를 일깨우고, 사고는 이어서 감정을 유발한다.

그 감정은 긍정적일 수도, 부정적일 수도 있다. 대부분의 단어는 이렇게 감정을 창출하는 힘이 있다. 따라서 바람직한 결과를 도출하려면 현명하게 단어를 선택해서 표현해야 한다.

따라서 자신에 대한 이해와 신뢰를 높이려는 메시지를 표현할 때에는 부정적인 영향을 끼치는 단어를 삼가는 동시에 일관성을 보여 줘야 한다. 라포를 형성하고 유지하려면 긍정적인 단어를 일관되게 사용해야 한다.

의심이 담긴 표현

'희망하다'는 의심이 담긴 표현이다. 일이 잘못되거나 문제가 생길지도 모른다고 예상하기 때문에 잘되기를 희망하는 것이다.

"곧 연락 주시길 바랍니다", "함께 일하게 되길 희망합니다", "이 내용이 맘에 드시길 바랍니다" 등과 같은 식으로 말하면 보디랭귀지와 말투 또한 당신의 의심을 반영해 표출되기 마련이다. 좀 더 긍정적인 결과를 도출할 수 있는 다른 표현으로 대체해야 마땅하다. 다음과 같은 식으로 말이다.

"곧 연락 주시리라 믿습니다."

"함께 일하는 걸로 알겠습니다."

"이 내용이 맘에 드실 겁니다."

걱정과 불안을 유발하는 표현

'하지 마라' 역시 맥락에 따라 위험한 표현이 될 수 있다. 앞서 언급했듯 "망치고 싶지 않아"라고 생각하면 '망치는 상황'에 대해 생각하게 된다.

당신이 그것에 대해 느끼는 방식에 영향을 미쳐 일련의 걱정이나 불안을 유발하기 때문이다. 다른 사람과 대화할 때도 마찬가지다. 무언가를 하지 말라고 말하면 경우에 따라 일련의 부정적인 사고와 감정을 유발할 수 있다. 그럼 어떻게 해야 할까?

"지난번 일에 대해 사과합니다. 앞으로는 걱정하지 마십시오"와 같은 식으로 말하되 '걱정하지 말라' 부분에 상대가 느꼈으면 하는 바를 담으면 된다.

"지난번 일에 대해 사과합니다. 앞으로는 같은 실수가 없을 거라고 확신하셔도 됩니다."

신뢰를 악화시키는 표현

'시도'라는 단어 역시 주의가 필요하다. "내일 다시 오도록 해 볼게요" 같은 표현에는 하지 않을 가능성이 높다는 뉘앙스가 담긴다. 라포를 유지하려면 애매모호함을 피하고 명확성과 일관성이 담긴 메시지를 전해야 한다.

'시도하다'와 '해 보려 하다'는 메시지에 대한 신뢰를 약화시키고 결국 라포까지 깨뜨린다.

혹시 이런 경험 없는가? 당신이 누군가에게 "내일 길 건너 중국집에서 점심 같이합시다"라고 했는데 "시간 맞춰 가 보도록 하겠습니다"라고 답하는 경우 말이다. 경우에 따라서는 참석하지 못할 수도 있다는 이야기로 들리지 않는가? 사람들은 언어 표현에 자신의 느낌뿐 아니라 관심의 정도까지 담는다.

강제성과 통제성을 가진 표현 ───

'해야 한다'가 위험한 표현인 이유는 많은 사람이 "이렇게 해야 해"라고 누군가 말했을 때 부정적인 반응을 보인다는 데 있다. 그런 부정적인 반응은 어린 시절에 가졌던 느낌에 기인한다. 부모에게 매번 무언가를 해야 한다고 들으며 부정적인 감정을 키운 것이다. "채소도 먹어야지", "숙제부터 해야 해" 등과 같은 부모의 강제성 조언을 듣지 않고 자란 사람은 거의 없을 것이다. 이런 표현은 다른 선택의 여지가 없다는 느낌을 유발하고, 그래서 부정적 반응이 생성되는 것이다.

따라서 '해야 한다' 대신에 '상황은 이런데 어떻게 생각하는가?' 내지는 '그에 대해 무엇을 할 필요가 있다고 생각하는가?'와 같이 표현하는 게 바람직하다.

선택권을 부여해서 스스로 통제한다는 느낌을 갖게 하는 것이다. 그래야 전하려는 메시지를 보다 열린 마음으로 듣는다.

하지만 한 가지 예외가 있다. 상대가 자신이 할 일에 대해 '해야 한다'는 표현을 쓰는 경우다. 예를 들어 상대가 "내가 이걸 해야 한다고 생각합니다"라고 말하면 당신 역시 "맞습니다. 그렇게 해야 합니다" 하고 '해야 한다'는 표현을 써도 무방하다. 위험한 표현이라고 무조건 쓰면 안 된다는 의미가 아니다. 주의를 기울여 전략적으로 사용하라는 뜻이다.

'그러나'는 잘못 사용하면 즉시 라포를 깨뜨리고 갈등을
촉발할 수 있는 단어다. 그전에 한 말을 모두 무효화하는
표현이기 때문이다. 예를 들어 "좋은 날씨야. 그런데 구름
이 좀 끼었군"이라고 말하면 듣는 사람의 머릿속에서 '좋
은 날씨'는 사라지고 '구름'만 남는다.

"당신은 대단해. 그러나 이렇게 하는 것에 대해서 생각
해 본 적 있어?", "당신네 회사는 훌륭하고 제품도 멋집니
다. 그러나 우리는 조금 더 비교해 보기로 했습니다." 이
런 식으로 '그러나'를 쓰면 저항과 갈등이 생겨날 수밖에
없다.

이를 피하는 비결은 그 대신에 '그리고' 또는 '그래서'를
쓰는 것이다.

"좋은 날씨야. 그리고 구름이 좀 꼈어."

이런 말은 갈등도 유발하지 않고 어떤 표현도 무효화
하지 않는다. 구름도 인정하고 좋은 날씨라는 느낌도 유

지하는 것이다.

"당신네 회사의 제품과 서비스는 훌륭합니다. 그래서 우리는 조금 더 비교해 볼 겁니다."

"자네는 일을 잘하는 직원이야(혹은 '우리 팀의 훌륭한 일원이야'). 그래서 자네의 대인관계를 같이 개선해 보자는 거야."

갈등보다는 발전적인 무언가가 느껴지지 않는가?

'그러나'를 사용하는 요령 하나를 덧붙인다. 간단히 말하면 긍정적인 부분과 부정적인 부분의 순서를 바꿔 긍정적 여파를 남기는 것이다. 예컨대 "좋은 날씨야. 그러나 구름이 좀 꼈네" 대신에 "구름이 좀 꼈어. 그러나 좋은 날씨야"라는 식으로 말하면 '그러나'를 쓰면서도 긍정적인 반응을 이끌어 낼 수 있다.

중요성을 약화시키는 표현 ————

'단지'는 무언가의 중요성을 약화시키는 단어다. 누군가와 대화를 나누면서 "예, 저는 그저 세일즈맨입니다"라고 말하면 자신의 중요성을 스스로 약화하는 것과 다름없다.

"단지 매니저입니다"나 "이제 막 이 분야에 들어왔을 뿐입니다"와 같은 표현도 마찬가지다. 자신이 하고 있는 일이나 자신이 말하는 내용의 중요성을 떨어뜨리는 표현이다.

겸양의 표시로 이렇게 자신과 관련된 무언가의 가치를 떨어뜨리는 말을 하는 사람이 많은데 비즈니스에서는 절대 금물이다. 상대가 잠재적으로 당신의 말이 별로 가치가 없다고 인식하기 때문이다.

'단지'는 시간과 관련된 무언가를 미약하게 느끼게 만들 필요가 있을 때를 제외하고는 항상 주의를 기울여 사용해야 한다.

"샘플 몇 개만 보여 드리려고 합니다. 단지 2분만 시간을 내주시면 됩니다."

부정적 사고를 키우는 표현 ─────

마지막 위험한 단어는 '만약'이다. "만약 그것을 이렇게 하면"이나 "만약 제게 구매하면" 또는 "만약 저를 고용하면" 혹은 "만약에 당신이 이것을 하면" 등과 같은 표현은 모두 상대방이 그렇게 하지 않을 것임을 암시한다.

그들은 당신에게 구매하지 않을 것이고 당신을 고용하지 않을 것이다. 확신을 갖지 못하고 가정만 하는 당신을 보며 일련의 부정적 사고를 키우기 때문이다. 따라서 '만약' 같은 단어는 강력한 단어로 교체해야 한다.

'만약'을 사용해도 좋은 한 가지 경우는 모종의 조건을 창출하며 긍정적인 방식으로 쓸 때다. 이 경우 '그렇다면'을 추가해 강조해 주면 더욱 좋다.

"사장님께서 사업을 확장하길 원하신다면, 그렇다면 우리의 프로그램이 완벽한 도움을 드릴 수 있습니다."

"만약 사장님께서 그러한 성과를 원하신다면, 그렇다면 제가 그런 성과를 올릴 수 있는 적격자입니다."

이러한 순서로 긍정적인 결과의 조건을 만들 때 써야 한다.

피해야 할 표현들

- **의심**: '희망하다'

- **걱정과 불안**: '하지 마라'

- **신뢰 악화**: '시도', '해 보다'

- **강제성과 통제성**: '해야 한다'

- **갈등**: '그러나'

- **중요성 악화**: '단지'

- **부정적 사고**: '만약'

말이 짧을수록 분쟁도 적어진다.

항상 신중한 태도로 말하고,

경쟁관계에 있는 사람에게는 더욱 조심해서 말하라.

인생을 살다 보면 한마디 더 할 시간은 있어도,

그 한마디를 취소할 시간은 쉽게 오지 않는다.

아무리 사소한 말도 가장 중요한 말을 하는 것처럼 하라.

－발타자르 그라시안, 『살아갈 날들을 위한 지혜』

당신에게 필요한 최상의 그림

대부분의 단어는 감정을 창출하는 힘이 있다. 따라서 바람직한 결과를 도출하려면 현명하게 단어를 선택해야 한다.

이번 챕터에서는 라포 형성에 긍정적인 영향을 끼치는 강력한 표현들을 추천할 것이다. 크게 두 가지 단어를 적극 추천한다.

확신을 주는 표현 ————

첫 번째 소개할 단어는 '하는 경우, 할 때'다.

앞서 '만약'이라는 표현을 피하고 '그렇다면'과 더불어 사용하는 방법을 설명했다. 그 '만약'을 대체할 수 있는 강력한 단어가 바로 '하는 경우, 할 때'다. "만약 제게 구매하신다면"과 같은 표현 대신에 "제게 구매하실 경우"나 "이 서비스를 이용하실 때", "여기에 사인하실 때 모든 서비스가 제공됩니다" 등과 같은 식으로 표현하면 된다. 이 표현은 두 가지 효과를 가져온다. 하나는 상대가 행동을 취할 것임을 암시하는 것이고, 다른 하나는 그래서 얻을 결과까지 암시하는 것이다. 자신 있게 말하는 게 요점이다.

두 번째 단어는 '왜냐하면, 때문이다'이다.

'왜냐하면'이라는 단어와 관련해서 재밌는 연구가 있었다.

수년 전 한 대학 캠퍼스에서 학생들을 대상으로 실험한 내용이다. 당시는 컴퓨터와 프린터 대신에 복사기를 더 흔히 사용했다. 학생들이 복사기 앞에 줄을 서는 일이 예사였다. 실험자가 줄을 선 학생들에게 다가가 "복사를 좀 해야 하는데 앞에 서도 될까요?"라고 물었을 때 약 70퍼센트의 학생이 거부했다. 실험자를 남성에서 여성으로 바꿔도 결과는 마찬가지였다.

이후 실험자는 표현을 바꿔 요청했다.

"앞에 서도 될까요? 왜냐하면 복사를 좀 해야 하거든요."

이번에는 90~94퍼센트에 달하는 학생들이 부탁을 들어 줬다. '왜냐하면'이라는 단어가 어떤 효과를 발휘한 것이다.

이유는 확실히 알 수 없었다. 그 단어에 우리가 모종의 흥미로운 반응을 보인다는 사실만 확인했을 뿐이다. 몇몇 전문가는 그것이 어린 시절의 경험에 기인한다는 추정을 내놓았다. 어린 시절 부모에게서 "이렇게 해야 한다. 왜냐하면 내가 그러라고 했으니까" 내지는 "이렇게 해. 왜냐하면 내가 엄마니까" 또는 "내 말대로 해라. 왜냐하면 말 잘 들어야 착한 아이니까" 등과 같은 말을 들으면서 그런 표현에는 순응해야 한다는 잠재의식을 키웠을 거라는 설명이다.

사적이든 공적이든 대화에서 이 단어를 전략적으로 이용하는 방법에 대해 생각해 보자. 몇 가지 예를 들어 보겠다.

"당신이 이렇게 해 주면 좋겠어. 왜냐하면 그게 옳기 때문이야."

"사장님과 만나고 싶습니다. 왜냐하면 사장님께 직접 설명을 드려야 사장님께서 우리의 서비스를 사업에 어떻게 활용하면 좋은지 판단하실 수 있기 때문입니다."

메시지에 자신감을 담아야 라포 창출에 유리하다. '왜냐하면'은 잘만 사용하면 대화와 회의, 프레젠테이션 등에서 큰 효과를 거둘 수 있는 단어다. 당신이 원하는 바를 제시하는 부분은 반드시 '왜냐하면'을 적절히 가미한 표현들로 구성하라.

강력하게 효과 볼 수 있는 표현들

- **상대가 확신을 가질 수 있게 하는 표현**

  '하는 경우, 할 때'

- **전략적으로 효과 볼 수 있는 표현**

  '왜냐하면, 하기 때문이다'

'말을 잘 하는 것'과 '잘 말하는 것'은 전혀 다릅니다.

말을 잘 하는 것은 말솜씨가 좋은 것이고,

잘 말하는 것은 상대에게 솔직하게 내 마음을 전하는 것입니다.

말을 솔직하게 하려면 내가 느끼는 감정에 솔직해야 합니다.

—정도언, 『프로이트의 의자』

당신의 악기 사용법

목소리는 곧 악기다. 감정을 유발할 수 있고, 자신감을 창출할 수 있으며, 나아가 라포를 형성할 수도, 깰 수도 있다. 음성 및 음조에는 다양한 유형이 있지만 여기서는 가장 중요하고 명확한 세 가지 유형을 중점적으로 다루기로 한다.

자신감을 갖고 신뢰감을 주며 라포를 형성 및 유지하려면 이 세 가지 유형을 대화에 전략적으로 이용하는 방법과 그 이유를 알아야 한다. 진술형과 확인형, 권위형이 그 세 가지다.

진술형 ———

음성과 음조에 거의 변화를 주지 않고 말하는 유형이다. 속도와 높이를 일정하게 유지하며 단조롭게 말한다.

확인형 ———

끝을 올리며 질문조로 의견을 제시하는 유형이다. 사람들은 무언가에 확신이 서지 않거나 갈등 상황에서 무엇을 어떻게 해야 좋을지 모를 때 이 유형을 이용한다. 확인을 통해 의견을 굳히거나 자신이 없는 가운데 나름의 의지를 피력하려는 시도다.

예를 들어 "저들이 승리할 거 같아요" 대신에 "저들이 승리할 거 같지요?"라고 말하는 경우다. "혼자 있을래요.

나가 주세요" 대신에 "나 좀 혼자 있게 해 달라고요, 예?" 또는 "나 좀 혼자 있게 해 주면 안 될까요?"라고 말하는 경우다.

대화 중에 진술형을 유지하다가 갑자기 질문형으로 바꾸면 메시지에 혼선을 초래할 수 있다. 이를테면 "이 제품이 아주 맘에 드실 겁니다" 내지는 "이것은 아주 훌륭한 서비스입니다"라고 말해야 하는 부분에서 "이 제품이 맘에 드시는지요?"라든가 "훌륭한 서비스 같지요?"라고 말한다고 해 보자. 자신감 부족으로 비치고 라포가 깨질 수도 있다. 이 유형을 잘못 사용하면 상대에게 '뭐지?' 또는 '여기서 왜 내 의견을 묻는지 이해가 안 가는군' 같은 생각을 갖게 만들 수 있다.

권위형 ———

뉴스 진행자에게서 흔히 볼 수 있는 유형이다. 음조를 낮추고 속도를 늦춰 또박또박 말하는 유형이다. 남성이든 여성이든 뉴스 앵커는 이렇게 말하는 게 기본이다. 메시지에 중요성을 담고 싶을 때 이 유형으로 옮겨 가면 좋다. 진술형으로 말하다가 권위형으로 옮기면 중요한 메시지를 강조할 수 있다는 의미다. 우리 모두 이 유형이 갖는 의도와 목적에 익숙해지며 성장했기 때문에 이 유형을 접하는 순간 그것을 인지하고 주목하게 된다. 어린 시절 부모님이 목소리를 깔고 말하면 대개 그것은 중요한 무언가를 알려 주거나 훈육하기 위해서가 아니었던가?

무언가 중요한 메시지를 전하고 싶으면 권위형을 이용해 말하라. 말하는 속도와 소리를 낮추며 저음을 가미하면 된다. 그러면 당신이 하는 말에 '내가 당신을 도울 수 있는 적임자라는 점을 확신해도 된다'는 의미 내지는 '내 말의 진위를 의심하지 말라'는 의미가 담긴다. 음성 및 음조의 유형이 바뀌었기 때문에 상대는 잠재적으로 당신이 하는 말에 보다 주의를 기울이고 신뢰감을 키운다. 남성이든 여성이든 누구나 같은 효과를 얻을 수 있는 기법이다.

TV에서 〈오프라 윈프리 쇼〉를 본 적이 있는가? 오프라는 무언가에 대해 격식을 차리지 않고 혹은 재미나게 말하다가 광고가 나갈 시간이 되면 권위형으로 목소리를 바꾼다. 카메라를 똑바로 쳐다보고 목소리를 깔며 이런 식으로 말하는 것이다.

"광고 후에 여성분들에게 중요한 주제를 놓고 토의하도록 하겠습니다."

권위형을 전략적으로 이용하면 메시지에 자신감을 담고 라포 형성의 기초를 닦을 수 있다. 진술형으로 계속 단조롭게 말하면 사람들은 머릿속으로 달나라를 여행하기 마련이고 중요한 메시지도 흘려듣기 마련이다.

진술형, 확인형, 권위형 이용법

- 자신의 목소리를 악기라고 생각하라.

- 진술형으로 시작하되 너무 길게 가지는 마라.

- 상황에 맞춰 적절한 질문을 던지되 자신의 의견을 질문형으로 제시하지는 마라.

- 매우 중요한 사항으로 인식되길 바라거나 목소리만으로 영향력을 행사하고픈 부분은 권위형을 이용하라.

4

———

당신이

(상대에 대해)

질문하기 전

이번 장에서는 사람들의 가치관과 성향, 커뮤니케이션 스타일을 파악하고 라포를 강화하는 데 도움이 되는 네 가지 Power Question을 살펴본다. 사람들이 어떤 식으로 정보를 처리하고 결정을 내리는지 이해하는 데 도움이 될 것이다.

먼저 질문의 가치와 중요성을 이해하려면 질문에 내포된 의도와 의미를 이해해야 한다. 단어와 어조부터 결정하고 시작하라. 사람들이 당신을 보다 기꺼이 이해하게 만드는 식으로 커뮤니케이션하는 방법도 배워야 한다. 상대방의 커뮤니케이션 스타일을 존중하고 그에 맞는 언어로 의사소통하는 것이 기본이다. 시각적, 청각적, 체감각적 표현의 가치와 중요성, 그리고 위험한 표현과 강력한 표현을 되새겨라.

다음에 소개하는 네 종류의 Power Question은 두 가지 방식으로 우리를 돕는다.

첫 번째는 대화하는 상대에 대한 이해를 넓히고 통찰력을 얻는다는 것이다. 이들 질문을 던지는 것만으로도 라포를 형성할 수 있는데, 그 이유는 상대가 말하는 내용에 그만큼 주의를 기울이고 관심이 있다는 사실을 보여 줄 수 있기 때문이다.

두 번째는 우리가 제시하는 정보를 상대가 이해하고, 자신에게 가치 있고 중요한 것으로 인식하게 한다. 이들 질문은 다음번 미팅에서 나눌 대화의 배경을 설정해 놓는 데도 도움이 된다. 그에 따른 후속 조치와 관련해서는 다음 장에서 다루도록 하겠다.

질문은 정답보다 중요하다.

-알버트 아인슈타인

기
준
파
악
하
기

어떤 상황에서든 상대의 가치관과 품질 기준을 알아야 발전적 관계를 도모할 수 있고 라포를 유지 혹은 강화할 수 있다. 이번 챕터에서는 상대가 원하는 품질 기준과 일의 궁극적인 동기부여 요소, 중요하게 여기는 핵심 가치를 파악하기 위한 몇 가지 질문과 활용법을 구체적으로 알아볼 것이다.

기준 파악의 중요성 ─────

첫 번째 Power Question은 기준을 알기 위한 질문이다.
특정 주제에 대한 상대의 가치관과 정서적 동기를, 또는
특정 사물이나 사람에 대해 상대가 원하는 품질 기준을
파악하기 위해서다.

이 질문의 기본 형태는 "~에 대해 무엇이 중요하다고
생각하십니까?"이다. "~" 부분은 당연히 당신이 거론하고
싶은 주제나 당신이 진행하고 싶은 방향이 들어간다(상대
의 가치관이나 품질 기준과 관계있는 무엇이 들어갈 수도 있다).

이에 대해 나온 첫 대답이 너무 일반적이라면 핵심적인
대답을 얻기 위해 좀 더 파고 들어가도 무방하다.

"좀 더 구체적으로 말씀해 주십시오"

"무슨 의미인지요?"

"진정으로 중요한 것은 무엇인지요?"

이와 같은 질문을 던지면 된다.

중요한 것은 진심 어린 관심과 호기심을 갖고 질문해야 한다는 점이다. 질문을 하고 딴청을 피우는 등의 행동은 금물이다. 물론 심문하거나 사생활을 캐내듯이 물어서도 안 된다. 통제권이나 자유, 행복, 마음의 평정 등과 관련된 답변이 상대의 가치관과 정서적 동기를 알 수 있는 핵심이다.

또한 상대가 원하는 품질을 파악하는 질문은 보다 기술적이며, 모종의 특징이나 특성을 기반으로 한다. 예를 들면 주택의 침실 개수, 방 안의 효율성, 장치의 사용 편의성, 서비스의 품질보증 기간, 제품에 사용된 재료 등과 같은 것들이다. 만약 대화 상대가 면접관이나 스카우터라면 그들이 원하는 품질 기준은 대인관계 기술, 전문적 기술, 스트레스 대처법 등과 관련된다.

지금부터는 상대의 가치관이나 품질 기준, 또는 둘 다를 파악하기 위한 첫 번째 Power Question의 몇 가지 변형 및 활용법을 예와 함께 살펴보기로 하자. 어떤 상황에서든 상대의 가치관과 품질 기준을 알아야 발전적 관계를 도모할 수 있고 라포를 유지 혹은 강화할 수 있다.

먼저 호기심을 드러내라 ─────

한 가지 방법은 일상적인 대화를 통해 상대에 대한 호기심을 드러내는 것이다. 알고 싶은 것이 가치관인지, 품질 기준인지 혹은 둘 다인지에 따라 질문의 내용은 조금씩 달라진다.

만약 비즈니스와 관련해서 가치관을 알고 싶으면, 다음과 같은 질문으로 시작하는 것이 좋다.

"사업은 어떻게 시작하셨는지요?"
"이 분야에는 어떻게 종사하시게 되었는지요?"

그런 다음 상대의 설명을 듣고 '기준' 질문으로 들어가면 된다.

기준 질문으로 옮겨 가는 좋은 방법은 특정 주제와 관

런해 두어 가지 명백한 가치를 거론한 후 "~에 대해서 또 다른 중요한 것은 무엇이라 생각하십니까?"라고 묻는 것이다. 비즈니스와 관련해서 이런 질문을 던지면 상대가 비즈니스에 임하는 동기와 가치 기준까지 발견할 수 있다. 또한 당신이 맺고자 하는 관계나 팔고자 하는 제품과 연계시킬 수 있는 여타 중요한 요소를 발견할 수도 있다. 명백히 중요한 요소를 두어 가지 언급한 후 Power Question에 들어가라.

예를 들어 건강이 화제로 등장하는 경우 다음과 같은 식으로 진행하면 된다.

"매일 8킬로미터씩 조깅하다니 정말 대단하십니다. 그렇게 하루를 시작하면 가뿐하고 활력이 넘치시겠네요. 체형도 멋져지시고……. 그러면 혹시 그렇게 체형 유지와 건강관리에 시간을 할애하시는 또 다른 중요한 이유가 있으신지요?"

이 예에서는 '활력'과 '체형'이라는 명백히 중요한 기준 가치를 언급한 후 Power Question에 들어갔다. 상대가 "기분이 좋아지고 싶어서"라고 답했다고 치자. 그러면 상대의 핵심 가치나 품질 기준을 파악할 수 있는 기회가 열린 셈이다.

"기분이 좋아지시면 일이 잘되고 그러시는 건가요?"

"그렇기도 하고 또 기분이 좋아지면 내가 더 나은 사람이 되기 때문이에요."

"더 나은 사람이 되는 게 특히 중요한 이유가 있으신가 보군요?"

그러면 이에 대한 핵심적 응답이 대개 다음과 같은 식으로 나온다.

"아이들과 가족에게 훌륭한 역할 모델이 되고 싶어요. 기분이 좋으면 더 많은 행복을 느낄 뿐 아니라 일이나 사생활과 관련해서 결정도 더 잘 내리고, 더욱 많은 것을 성취할 수 있는 에너지도 갖게 됩니다."

결국 그의 자녀들과 가족이 동기부여의 정서적 요소인 것이다. 여기까지 도달하면 당신은 당신의 제품이나 서비스로 그의 가족이 그를 자랑스럽게 여기도록 돕는 방안을 강구할 수 있다.

비즈니스와 관련된 상황으로 예를 하나 더 들어 보자.

"충분한 매출을 올리는 것과 회사의 영향력을 확대하는 것, 즐겁고 보람 있게 일하는 것 모두가 사장님의 사업에 중요하다고 확신합니다. 사장님께서 생각하시는 또 다른 중요한 것은 무엇인지요?"

이런 식으로 당사자에게 중요한 무언가를 털어놓게 만들면 대개 다음과 같은 식의 답변이 나온다.

"흠. 나는 도전을 좋아합니다."
"사업을 안정 궤도에 올려놓고 가족과 더 많은 시간을 보내고 싶습니다."
"사업을 성공시켜 보다 여유롭고 자유로운 삶을 누리는 게 중요하다고 생각합니다."

이렇게 한두 가지 가치를 파악한 후 계속 질문을 이어나가 동기부여 요소나 품질 기준을 알아본다.

"아, 그러시군요. 그에 대해 좀 더 구체적으로 말씀해 주실 수 있으신지요?"

"회사가 제 궤도에 올라 안정적으로 돌아가면 아이들을 데리고 여행을 다니며 보다 많은 시간을 함께하고 싶습니다."

거듭 말하지만 이러한 일련의 질문은 상대의 진정한 동기 요소를 확인하도록 돕는다. 상대가 원하는 품질 기준과 일을 하는 궁극적인 동기부여 요소, 가장 중요하게 여기는 핵심 가치를 파악하는 것이 첫 번째 Power Question의 본질이다.

이번에는 취업 면접과 관련된 예다.

"소프트웨어에 대해 잘 알고 팀원 역할을 잘 수행하며 도전을 즐기는 사람을 뽑으신다고 들었습니다. 못지않게 중요하게 생각하시는 또 다른 자격 조건은 없으신지요?"

이렇게 먼저 당신이 알고 있는 중요한 한두 가지를 언급하고 또 다른 무엇이 필요한지를 묻는다. 만약 상대가

"그게 다"라고 대답하면 이미 언급된 사항과 관련해서 이런 식으로 물으면 된다.

"도전을 즐기는 사람을 뽑는 특별한 이유가 있으신지요?"
"도전을 즐기는 사람을 뽑는다고 하셨는데 어떤 유형의 도전인지 말씀해 주실 수 있으신지요? 그런 자질이 왜 이 회사에 중요한지도 알고 싶습니다."

이렇게 기준을 파악한 후 당신이 어떤 식으로 그 기준을 충족시킬 수 있는지, 그것을 입증할 수 있는 배경이나 경력, 전문 지식, 기술 등을 내세우며 밝힌다.

만약 상대가 구체적으로 '도전 과제나 난제를 잘 다루고 어떤 힘든 상황에서도 차분하게 결정을 내릴 수 있는 사람'을 원한다고 말했다면, 당신은 다음과 같은 식으로 밝히면 된다.

"지난번 직책에서 바로 그런 일을 수행했습니다. 저는 도전을 즐기고, 어려운 문제에 부딪히면 그것을 해결했을 때 얻을 수 있는 긍정적인 결과에 초점을 맞추고 의욕을 불태웁니다."

요점은 핵심 기준을 파악해 그에 걸맞은 대답을 하라는 것이다. 그래야 강력한 정서적 유대감을 조성할 수 있다.

마지막 예는 누군가를 고용하거나 영입하는 경우다. 보다 직접적인 질문으로 기준을 파악하는 것이 좋다.

"만약 우리 회사에 당신에게 딱 맞는 일자리가 있다면, 그런 일자리를 잡을 기회와 관련에서 어떤 점이 가장 중요하다고 생각하십니까?"

그런 다음 답변을 듣고 "그에 대해 좀 더 구체적으로 듣고 싶군요"라든가 "또 다른 중요한 점은 없습니까?" 등과 같은 질문을 던지면 된다.

상대의 기준을 파악하라 ————

상대의 기준을 아는 것은 매우 가치 있는 일이다. 당신의 정보를 보다 적절하게 전달할 수 있고, 그럼으로써 당신의 가치에 대한 인식을 높일 수 있기 때문이다.

사람들은 일반적으로 스스로에 대해 말하는 것을 좋아한다. 그렇기 때문에 당신은 질문을 던져야 한다. 다른 사람들은 그저 자신이 제공하는 것에 대해 설명하려 애쓸 뿐이다. 하지만 당신이 상대에게 진심 어린 관심을 갖고 질문을 던진다면 상대는 분명 당신을 달리 볼 것이다. 상대가 어떤 사람이고, 어떤 동기에 매달리며, 무엇을 중요하게 생각하는지 이해하는 것이야말로 모든 만남과 대화를 유익하게 이끌며 라포를 강화하는 열쇠다.

Power Question은 NLP 심리요법 치료에서도 특정한 행동이나 바람의 진정한 동기를 찾기 위해 동원되는 수단이다. 사람들은 대개 처음에는 피상적이고 일반적인 이유를 댄다.

예를 들어 "담배를 끊고 싶어요. 기침하는 게 지겨워서요" 등과 같은 식이다. 하지만 이런 식의 진술에는 표면적인 논리만 담겼을 뿐, 진정한 이유가 담겼다고 보기 힘들다. 그래서 치료사들은 저변의 동기를 캐기 위한 심층 질문을 몇 가지 더 던진다.

"기침을 하지 말아야 할 중요한 이유가 있을 텐데요. 좀 더 구체적으로 말씀해 보시죠."

"사실 손자들이 아직 어리거든요. 그 아이들이 커서 결혼하는 모습도 보고 싶고……."

결국 진정한 동기는 더 오랜 세월 건강하게 살며 손자들과 많은 시간을 함께하고 싶은 것이다. 이렇게 기준이 나오면 치료사들은 의뢰인이 담배를 끊어야 할 핵심적 이유와 그 가치에 초점을 맞춰 변화를 이루도록 도울 수 있다.

비즈니스 관련 대화에서 이런 식의 기준이 도출되면 다음 행보는 그와 관련해서 당신이 상대를 도울 수 있는 방안을 피력하는 것이다. 이때 주의할 점은 반드시 선의와 윤리에 기초해 진솔하게 제안해야 한다는 것이다. 그렇지 않으면 상대는 당신이 그저 자신의 이익을 위해 술수를 부린다고 느끼기 마련이다.

예를 들어 만약 당신의 제품이나 서비스, 혹은 프로그램이 손자들과 더 많은 시간을 보내는 게 핵심 가치인 누군가를 도울 수 있다면, 이렇게 시작하면 된다.

"우리의 제품, 서비스, 프로그램이 어떻게 손자들과 더 많은 시간을 의미 있게 보낼 수 있도록 돕는지 보여 드리고 싶습니다."

만약 당신이 팔고자 하는 것이 부동산이라면 "이런 집이 손자들과 함께 시간을 보내기에 안성맞춤인데 어떻게 생각하십니까?"라고 하고, 만약 보험이라면 "보험금 수혜자에 손자들을 포함시키는 게 어떠신지요?"라고 이어 간다.

이렇게 상대의 핵심 가치에 당신의 제품이나 서비스를 연결시키면, 당신은 상대의 관심을 얻고 궁극적으로 적절한 행동을 취하게 할 수 있다.

Power Question을 적절히 구사하려면 약간의 연습을 거쳐야 한다. 또 실제로 자주 해야 자연스러워진다. 많은 사람이 상대의 핵심 가치는 알지도 못한 채 곧바로 솔루션을 제공하려 덤벼든다. 또 어떤 사람들은 상대가 원하는 품질 기준만 알려고 한다. 가치와 품질, 둘 다를 알아야 효과적임을 잊지 말라.

상황에 걸맞은 Power Question ─────

팔고자 하는 상품이 부동산인 경우에는 다음과 같이 물을 수 있다. "주택을 구입할 때 무엇이 중요하다고 생각하십니까?" 상대가 원하는 품질 기준(특징과 혜택)을 도출하기 위한 질문이다. 침실 개수나 학군, 위치, 평수, 가격 등과 관련된 답이 나온다. 또는 상대의 정서적 동기를 도출하기 위해 "지금 주택을 구입하시는 중요한 이유가 있으신지요?"라고 물을 수 있다.

재택 사업을 시작하려는 사람에게 컨설팅을 제공할 때는 "재택 사업에서는 무엇이 중요하다고 생각하십니까?"라고 묻는다. 상대가 원하는 품질 기준(특징과 혜택)을 알기 위한 질문이다. 훌륭한 제품, 수입, 지원 등과 관련된 답이 나온다. "사업가가 되려는 중요한 이유가 있으신지요?"처럼 상대의 정서적 동기를 물을 수도 있다.

보험 가입을 권유하는 경우에는 어떤 질문이 좋을까? "보험 가입과 관련해 무엇이 중요하다고 생각하십니까?"라고 물을 수 있다. 상대가 원하는 품질 기준(특징과 혜택)을 파악하기 위한 질문이다. 재해나 위험 대비, 보장 내용, 비용 등과 관련된 답이 나올 것이다. "지금 가족을 위해 보험을 드는 중요한 이유가 있으신지요?"라고 묻는 것은 상대의 정서적 동기를 파악하기 위한 질문이다.

프로젝트 수행 및 리더십과 관련해 코칭을 제공하는 경우에도 "이 프로젝트에서는 무엇이 중요하다고 생각하십니까?"라고 물으면 인적, 물적 자원 조달, 정시 완수, 팀워크 등과 관련된 답이 나온다. 정서적 동기를 묻기 위해서 "이 프로젝트를 맡은 특별한 이유가 있으신지요?"라고 물으면 된다.

자기 인식과 수정 연습 ────

그렇다면 당신 자신의 기준은 무엇인가? 무언가를 구매하거나 일자리를 찾거나 누군가를 고용하거나 재화를 투자할 때 말이다.

이 연습은 자신의 기준을 파악하고 상황에 맞춰 수정하도록 돕는다. 당신이 답하는 내용이 곧 사람들과 대화할 때 자신의 기준을 밝히고 그것에 영향을 미치는 방식을 드러내는 것이다.

예를 들어 협상 기술이 매우 중요하다고 여긴다면 당신은 세일즈맨이나 마케터를 구할 때 혹은 그런 일자리를 찾을 때 그 점을 강조할 것이다. 하지만 만약 상대는 그것이 중요하지 않아서, 혹은 다른 가치를 더 중요하게 생각해서 당신의 말에 주의를 기울이지 않는다면 어떻게 되겠는가? 분명 대화는 방향을 잃을 것이며 라포는 형성되지 않을 것이다.

다시 묻건대 당신은 상대가 던지는 기준 질문에 어떻게 답할 것인가? "부동산 매매 전문가와 관련해서 무엇이 중요하다고 생각하십니까?"라고 상대가 물으면 뭐라고 답할 것인가?

이에 대한 답변이 곧 당신에게 중요한 무언가를 드러내고, 당신은 당연히 거기에 초점을 맞춰 대화를 이끌어 가기 마련이다. 하지만 그것이 상대가 중시하는 가치나 원하는 품질 기준에 부합하지 않는다면?

고민은 여기서 시작된다. 그런 상황이 전개되면 라포는 깨지기 마련이다. 그렇다면 어떻게 해야 하는가? 당신의 목적이 무엇이고 그것이 얼마나 절실한가에 따라 달라진다. 어떻게든 라포를 형성하고 그것을 통해 무언가를 이루는 것이 당신의 목적이라면, 일단 상대의 기준에 맞춰야 한다.

방법은 다음과 같은 식으로 답하며 되묻는 것이다.

"저는 협상 기술이 중요하다고 생각합니다. 그리고 구매자가 적절한 가격에 물건을 잡았다고 인식하고 마음의 평정을 얻도록 이끄는 것이 부동산 매매 협상 기술의 핵심이라고 생각합니다만, 사장님께서는 어떤 점이 중요하다고 생각하시는지요?"

이런 식으로 답변을 주는 동시에 상대의 기준을 파악하는 기법을 쓰면, 서로 기준이 다르더라도 이후의 대화를 주도하며 상대가 중시하는 가치로 자연스럽게 대화를 옮겨 갈 수 있다.

"아, 듣고 보니 그 역시 대단히 중요한 가치로군요. 사장님 말씀에

전적으로 동의합니다."

아부를 떠는 것으로 오해하지 말라. 상대가 중시하는 가치에 동조하며 서로의 가치관과 품질 기준을 근접시키려는 노력의 일환이다. 일단 상대방의 의견에 공감을 해줘야 상대방도 나의 의견에 공감하려는 노력을 기울이는 법이다.

상대의 기준 파악하는 방법

"~에 대해 무엇이 중요하다고 생각하십니까?"라는 질문으로 기준을 파악한다.

'~' 부분은 당연히 당신이 거론하고 싶은 주제나 당신이 진행하고 싶은 방향이 들어간다.

이를 바탕으로 상대의 가치관이나 품질 기준을 확인한다.

당신은 이 질의응답으로 정보를 보다 적절하게 전달할 수 있고, 그럼으로써 당신의 가치에 대한 인식을 높일 수 있다.

RAPPORT

"답을 찾기 위해서는……."

현자가 말했다.

"먼저 올바른 질문이 있어야 합니다.

마법사는 올바른 질문을 얻기 위해

강물 소리에 귀 기울이고

있는 것입니다."

– 레너드 제이콥슨, 『마음은 도둑이다』

동기 파악하기

기준을 파악한 후 던지는 두 번째 Power Question은 그러한 기준 또는 가치의 어떤 점이 좋고 무엇에 도움이 되는지 묻는 것이다. 이 질문의 답을 들어 보면 상대의 동기가 무언가를 '추구하는' 것에 기초하는지, '탈피하는' 것에 기초하는지 알 수 있다.

추구형 동기 vs 탈피형 동기 ————

추구형 동기는 무언가를 성취하거나 목표를 향해 나아가거나 해결책을 찾는 것과 관련되고, 탈피형 동기는 고통이나 곤란에서 벗어나거나 무언가를 피하는 것과 관련된다.

예를 들어 상대가 중시하는 가치가 '가족과 더 많은 시간을 보내는 것'으로 확인되었다고 하자. 그러면 당신은 이렇게 물을 수 있다.

"아, 그러시군요. 그러면 혹시 가족과 더 많은 시간을 보내면 어떤 점이 좋으신 거죠?"

이에 다음과 같은 대답들이 나올 수 있다.

"가족과 많은 시간을 보낼 수 있다는 것은 곧 일이나 빚에 대해 걱정할 필요가 없어진다는 의미지요."

"다음 주로 다가온 직원들 월급이나 사무실 임대료, 은행 이자 같은 것을 걱정하지 않아도 된다는 의미지요."

상대의 동기가 경제적 문제에서 탈피하는 데 기초한다는 사실을 알 수 있다. 반대로 "가족과 여행 다니며 즐겁게 지내는 가운데 정을 쌓고 추억도 만들고 그럴 수 있으니까 좋지요"라는 식의 대답은 상대의 동기가 무언가에 대한 추구에 기초한다는 사실을 말해 준다. 이는 의사 결정을 내리고 행동을 취할 때 그런 유형의 동기에 기초한다는 의미이고, 결국 상대로 하여금 모종의 행동을 취하게 만들려면 그런 유형으로 동기를 부여해야 한다는 이야기다.

어떤 목적 추구에서 동기를 부여받는 사람에게 "제 얘기 잘 들어 보세요. 우리의 프로그램에 가입하시면 빚에서 벗어나고 좌절을 피할 수 있습니다"라고 말하면 상대는 당신의 설명을 세일즈로밖에 느끼지 못한다. 라포가 깨지는 것은 물론이다. 무언가를 성취하는 것에 대해 말하는 사람에게는 그들이 원하는 것을 더욱 많이 성취할 수 있는 것에 대해 말해야 한다.

유형의 동기에 대한 자기 인식 ────

당신 자신은 현재 어떤 유형의 동기에 따라 움직이고 있는
가? 이를 인식하는 것 역시 중요하다. 그것이 사람들과 대
화하는 방식에 영향을 미치기 때문이다. 당신이 현재 추구
형 동기를 갖고 있다면 상대에게 제시하는 해결책도 추구
형이기 십상이고 반대의 경우도 마찬가지다.

　아이를 훈육해야 하는 상황에 대해 생각해 보자.
　만약 "숙제부터 하지 않으면 TV는 아예 볼 꿈도 꾸지
마라" 하고 말하면 탈피형 전략이고 "숙제 다 하면 TV 보
게 해 주마"라고 하면 추구형 전략이다. 전략은 상대에
맞춰 목적에 부합하게 써야 한다. 어떤 유형의 동기에
영향을 잘 받는지 파악해서 전략을 구사하면 보다 나은
효과를 얻을 수 있다.

이는 직원들에 대한 동기부여, 판매, 협상, 취업 면접, 프
레젠테이션 등 비즈니스 관계에도 그대로 적용된다. 반대
유형의 동기를 제시하면 상대는 당신이 자신을 교묘하게
조종하려는 것으로 느낄 수도 있다. 당신의 메시지를 이
해하고 적절한 행동을 취하게 만들려면 상대의 유형에 맞
춰 동기를 부여해야 한다.

추구형 동기와 탈피형 동기

성취·목표·해결책 등을 갈구하는 것은 추구형 동기고, 고통·

곤란 등 벗어나고 피하려는 욕구는 탈피형 동기다.

이를 전략적으로 상대에 맞춰 목적에 부합하게 쓰는 것이 중요

하다.

올바른 동기는 단순히 어떤 나쁜 것으로부터

벗어나고자 시도하는 것이 아니다.

그것은 더 나은 것을 향해 움직인다는 것을 의미한다.

–킴 마이클즈, 『빛을 향한 내면의 길』

이유 파악하기

이유를 묻는 질문에 어떻게 답하는지에 따라 상대의 커뮤니케이션 스타일이 무엇을 중심으로 진행되는지 파악할 수 있다. 결과를 중시하는 유형인지, 과정이나 절차를 중시하는 유형인지 등에 따라 내가 제시할 그림 또한 달라져야 하므로, 이 과정은 원활한 소통과 라포 강화를 위해 꼭 필요한 단계다.

결론 중심 유형 vs 과정 중심 유형 ──────

"이 사업을 선택한 이유는 무엇인지요?"
"이 분야에 뛰어든 이유를 물어도 되겠습니까?"

이런 질문을 던지면 상대가 큰 그림이나 결론 중심 유형인지 혹은 그것의 대척점에 서는 세부 사항이나 절차 중심 유형인지 파악할 수 있다.

"처음에 조사를 좀 했습니다. 이 분야에서 일하는 친구들에게 물어도 봤고 그다음에는 업계 행사에 참석해서 사람들과 이야기를 나눠 봤는데 꽤 전망이 밝다는 판단이 서더군요. 그래서 기회를 잡아보기로 한 겁니다."

이렇게 단계별 과정을 섞어 스토리 형식으로 답하는 사

람은 세부 사항, 절차 중심 유형에 속한다. 그들은 단계별 절차를 밟아 정보를 처리하고 설명하는 방식을 선호한다. 이런 유형과 대화를 나눌 때는 구구절절 길게 설명해도 참을성 있게 들어 주며, 당신의 의견 역시 단계별로 개진할 필요가 있다.

그 반대 유형에 속하는 사람들은 대개 이렇게 답한다.

"좋은 기회를 잡을 수 있겠다 싶어 이 분야에 들어온 겁니다. 성장 산업이라고 판단한 겁니다."

단계나 과정은 생략하고 큰 그림과 최종 이유, 결론을 밝히는 유형이다. "운명을 걸 수 있는 분야라고 생각했습니다" 등과 같이 답하는 경우도 마찬가지다. 이런 유형의 사람과 대화하며 단계별 과정을 세세히 설명하는 경우 "결론부터 말씀하시죠"와 같은 반응이 나오기 십상이다. 라포를 유지하려면 해당 유형에 맞춰 의견을 제시해야 한다.

부부 사이에 이 유형이 정반대라서 티격태격하는 경우

를 종종 볼 수 있다. 모종의 문제와 관련해 시시콜콜 세세하게 말하는 아내에게 "그래서 결론이 뭐냐고?"라며 윽박지르는 남편, 또 전후 관계와 과정을 차근차근 밟으며 설명하는 남편에게 답답하다는 듯 요점만 말하라고 재촉하는 아내를 흔히 볼 수 있지 않은가? 그래서 부부 싸움으로까지 번지는 경우도 비일비재하다. 이야기를 듣는 입장에서는 최소한 상대의 설명 방식을 존중해 주는 배려와 지혜가 필요하다.

선택권 선호 유형 ────

결론 중심 유형의 변형에 선택권을 선호하는 사람들이 있다.

"이쪽 일을 하면 여가 시간을 더 많이 가질 수 있기 때문입니다. 여행 다니는 걸 좋아해서. 그게 제겐 중요하거든요."

이런 사람들에게는 당신의 제품이나 서비스가 어떻게 그런 선택권을 누릴 수 있도록 돕는지 설명하는 방식을 취해야 한다.

다시 말하지만 만약 당신이 큰 그림 위주로 결론부터 제시하는 성향이라면 절차 중심의 사람에게는 세세하게 실명하는 식으로 접근해야 하고, 절차를 중시하는 사람이라면 결론 중심 유형에게는 큰 그림부터 보여 줘야 한다. 상대의 세계에 들어가 언어를 통일시켜야 소통이 원활하게 이뤄지고 라포가 강화된다.

누군가가 당신에게 "이 일을 하게 된 이유가 무엇입니까?"라고 묻는다면 어떻게 답할 것인가? 그 답 속에 당신의 커뮤니케이션 스타일이 무엇을 중심으로 하는지 알 수 있다.

결론 중심 유형과 과정 중심 유형

당신이 큰 그림 위주로 결론부터 제시하는 성향이라면 절차 중심의 사람에게는 세세하게 설명하는 식으로 접근해야 하고, 절차를 중시하는 사람이라면 결론 중심 유형에게는 큰 그림부터 보여 줘야 한다.

강력한 이유는 강력한 행동을 낳는다.

—윌리엄 셰익스피어

세상을 보는 방식 파악하기

네 번째 Power Question을 통해 사람들이 세상을 보는 방식을 파악해야 한다. 닮은 점부터 보느냐, 다른 점부터 보느냐에 따라 그 사람이 인지하고 설명하는 방식이 다르다. 동일성 인지 성향의 사람에게는 공통점을 강조해 설명하고, 차별성 인지 성향의 사람에게는 다른 점을 강조해야 상대의 쉽고 빠른 결정을 이끌어 낼 수 있다.

먼저 실험을 해 보자. 여기 동전 세 개가 나란히 놓여 있다. 누군가가 묻는다.

"이 세 개의 동전 사이에 어떤 '관계'가 있다고 생각합니까?"

머릿속에 곧바로 떠오르는 생각을 적어 보라.

대개 상반되는 두 가지 답이 나온다. 하나는 동일성에 초점을 맞춘 판단이다.

예컨대 세 개의 동전 모두가 앞면이 나와 있으니 결국 다 같은 게 아니냐는 식의 생각이다. 다른 하나는 차별성에 초점을 맞춘 판단이다. 서로 놓인 간격도 다르고 그림의 각도도 제각기라는 식으로 생각하는 것이다.

닮은 점부터 보느냐 아니면 다른 점부터 보느냐, 이는 곧 당신이 무언가를 인지하고 설명하는 방식의 경향이라 할 수 있다.

다시 위의 질문을 살펴보자. 핵심적인 표현은 관계다. 비교나 차이라는 표현을 써서 이 질문을 하면 안 된다. 반드시 관계나 관련이라는 표현으로 물어야 한다. 비교라는 표현으로 물으면 차이점에 기초한 답이 나오기 때문이다.

동일성 인지 성향인지, 차별성 인지 성향인지를 파악하는 또 다른 쉬운 방법은 수집하는 취미가 있는지 묻는 것이다.

돌이나 우표, 피규어, 인형 등을 모으는 취미가 있으면 각각의 아이템에서 차이점을 음미하는 성향이 있다는 뜻이고, 따라서 차별성을 중점적으로 보는 사람이다. "다 거기서 거기지 않느냐" 하거나 "그런 걸 왜 모으는지 모르겠다"는 반응을 보이는 사람은 동일성 인지 성향을 가진 셈이다.

누군가의 사무실에 들어갔는데, 무언가를 수집해 놓은 것이 보이면 차별성 인지 성향의 소유자로 보면 된다. 그것을 확인해 보고 싶으면 "요즘 사업은 좀 어떠신지요?"라고 물어보라. 분명 "늘 똑같죠, 뭐"와 같은 식의 답변은 나오지 않을 것이다. 무언가 달라진 점을 강조할 것이다.

물론 위의 동전 관련 질문에 대해 혼합형 반응을 보이는 사람도 있다.

"모두 같은 동전이고 앞면이 보이지만 서로 간격과 각도가 다르네요."

균형 잡힌 시각을 견지하려는 사람에게서 이런 반응을 볼 수 있다. 이런 사람과 대화할 때는 사안의 양쪽 측면이나 장단점을 모두 언급하며 무언가를 제시하는 것이 좋다.

거듭 말하지만 동일성 인지 성향의 사람에게는 공통점을 강조하고 차별성 인지 성향의 사람에게는 사뭇 다른 점을 설명해야 상대의 쉽고 빠른 결정을 이끌어 낼 수 있다. 만약 배우자나 연인 혹은 동료가 수집벽이 있는 차별성 성향인데 당신은 동일성 성향이라면 이제 그 사람을 이상하게 생각만 할 게 아니라 차별성을 인정해야 한다.

반대로 당신은 수집이 취미인데 다른 사람이 그 진가를 알아주지 않으면 이제 그 이유를 이해할 수 있을 것이다.

지금까지 살펴본 네 가지 Power Question을 상황에 맞춰 이용해 보자. 또한 위험한 표현을 피해 적절히 의견을 개진하며, 상대방이 동질감을 느끼도록 보디랭귀지와 음성 및 음조를 맞춰 나가자. 그렇게 하면 당신은 자신감으로 무장하는 동시에 강력한 관계를 맺고 멋진 라포를 강화할 수 있을 것이다.

Tip

라포의 유지 강화에 요긴한 질문

대화 중에 라포의 유지와 강화에 요긴한 질문 한 가지를 더 소개한다.

"제가 좀 도와 드릴까요?"
"제가 뭐 도와 드릴 일은 없는지요?"
"그쪽에 제가 아는 사람들이 좀 있는데 소개해 드릴까요?"

이 같은 질문으로 먼저 도움을 제공하겠다고 자청하는 것이다.
내가 행사장에서 만난 사람들에게 이런 질문을 던지면 많은 사람이 전형적으로 이런 식으로 반응한다.

"와우, 그런 질문은 처음입니다."
"여기서 그런 말을 듣게 될지 몰랐어요."

도움을 제공하겠다고 자청하는 사람이 거의 없다 보니 처음에는 다소 의외라는 반응을 보이는 것이다. 하지만 그들은 곧 이런 식으로 말한다.

"네, 그래 주시면 고맙겠습니다. 제가 찾는 것은……."

"제게 이런 종류의 도움을 주시면……."

비즈니스와 관련된 요청일 수도 있고 "자동차 잘 고치는 곳 아시면 소개 좀 해 주세요" 등과 같은 사적인 부탁이 나올 수도 있다. 어떤 종류의 요청이 나오든 관심을 기울이고 당신이 할 수 있는 최대한의 도움을 제공하라.

사람들에게 도움을 제공하면 그들 역시 당신을 도우려 할 것이다. 이 질문이 강력한 또 하나의 이유는 당신이 도움을 제공할 '능력이 있음'을 암시한다는 점이다. 자연스럽게 당신 자신을 가치 있는 사람으로 포지셔닝하는 것이다.

동일성 인지 성향과 차별성 인지 성향

말 그대로 '동일성 인지 성향'은 동일성에 초점을 맞춘 판단이고, '차별성 인지 성향'은 차별성에 초점을 맞춘 판단이다. 한 예로 돌이나 우표, 피규어, 인형 등을 모으는 취미가 있으면 '차별성 인지 성향'이고, "다 거기서 거기지 않느냐"는 사람은 '동일성 인지 성향'이다.

성향이 다른 만큼 다르게 대해야 한다. '동일성 인지 성향'의 사람에게는 공통점을 강조하고, '차별성 인지 성향'의 사람에게는 사뭇 다른 점을 설명해야 상대의 쉽고 빠른 결정을 이끌어 낼 수 있다.

5

———

당신이 (상대와) 만나고 나서

이번 장에서는 첫 만남 이후 어떤 조치를 취해야 형성된 라포를 유지하고 강화할 수 있는지를 살펴볼 것이다. 첫 만남에서 흡족한 수준에 도달하지 못했다 해도 이후에 조치를 잘 취하면 라포를 재형성하고 키워 나갈 수 있다.

첫 만남 이후 우리는 상대에 대해 많은 것을 알고 있는 상태다. 그 모든 정보는 다음 접촉 또는 만남을 성공적으로 이끄는 데 이용할 수 있는 귀중한 자원이 된다. 이미 파악한 내용을 제대로만 활용한다면 상대는 당신을 하루라도 빨리 다시 만나고 싶어 할 것이다.

후속 조치를 취할 때는 먼저 목적부터 분명히 해야 한다. 관계를 강화하고 싶은가, 아니면 다음 약속을 잡고 싶은가? 제품이나 서비스를 팔고 싶은가, 아니면 도움을 받고자 하는가? 목적이 무엇이든 일단 당신이 원하는 바를 이룰 수 있다는 긍정적인 믿음을 갖고 접근하라.

당신이 파악한 상대의 VAK(시각적, 청각적, 체감각적) 유형과 네 가지 Power Question은 후속 조치를 취할 때 크게 도

움이 될 것이다. 그 모든 정보와 지식으로 라포를 다시 활성
화해서 다음 약속을 잡거나 모종의 행위를 취하게 만들 수
있다.

"제 눈에는 고객이 한 분으로 보이지 않습니다.

제가 고객에게 서비스를 올릴 때는

고객 뒤에 계신 천 명의 또 다른 고객을 염두에 둡니다.

그리고 고객은 제 일생에 단 한 번 만나는 귀중한 분입니다.

소홀히 할 까닭이 없습니다."

—오세웅, 『The Service(더 서비스)』

첫 만남 후

첫 만남 후 후속 조치는 형성된 라포를 유지하고 강화하는 데 중요한 역할을 한다. 지금까지 살펴본 모든 스킬을 통해 상대를 종합적으로 파악하고, 형성되었던 라포를 어떻게 다시 활성화할 것인지 알아보자.

직접 만나든 통화하든 앞서 설명했던 모든 내용을 검토하면서 준비해야 한다. 상대에게 도움을 주겠다는 마음가짐을 가져야 하고, 라포가 형성되리라고 가정해야 하며, 또 보디랭귀지와 동족 효과 등 각종 기법을 점검해야 한다. 나 자신의 기준을 정하는 것도 중요하다. 그래야 성공 확률을 높일 수 있다.

상대방의 VAK 유형과 Power Question에 대한 반응을 기억할 필요가 있다. 그것들을 반영해 후속 조치를 취해야 처음에 형성되었던 라포를 다시 활성화할 수 있다. 만약 상대가 한동안 알던 사람이라면 전화로 Power Question을 던져 성향과 커뮤니케이션 스타일을 파악해도 무방하다.

성향을 파악한 후에는 원하는 바를 이루기가 더욱 수월해진다. 다만 이럴 때일수록 주의를 기울여야 하는 법. 공적과 사적을 명확히 구분할 필요가 있다. 특히 통화할 때는 이름을 말하는 방식과 피해야 할 위험한 표현, 음성 및 음조의 매칭과 미러링에 더욱 주의해야 한다. 당신이 적절하게 상대와 관계를 유지했다면, 주도권은 어느덧 당신에게 가 있을 것이다.

파악한 내용을 정리하라 ————

행사장(혹은 미팅 자리 등)에서 만난 인물과 관련해 후속 조치를 취한다고 가정해 보자. 그에 대해 파악한 바를 사항별로 정리해 다음과 같이 목록을 만든다.

- 그는 시각적 유형이다.
- 그의 궁극적인 기준은 자유이다.
- 그는 추구형 동기를 갖는다.
- 그는 차별성 인지 성향을 지녔다.
- 그는 절차 중심 성향을 보인다.

이렇게 정리가 되면 당신은 다음과 같은 식으로 대화 내용을 준비할 수 있다.

"가급적 빨리(또는 오늘) 만나는 게 어떻겠습니까? 우리의 서비스가 사장님께 어떤 식으로 자유로운 시간을 누리도록 돕는지 보여 드리고 싶습니다. 사장님께서 올해의 사업 목표를 이루기 위해 계속 성장세를 유지하기를 원한다는 것을 잘 알고 있습니다. 우리의 서비스는 기존의 그 어떤 프로그램과도 다릅니다. 우리만의 특별한 3단계 시스템을 만나서 직접 보여 드리고 싶습니다. 이룰 수 있는 성과를 눈으로 확인하시면 분명 우리의 서비스를 신뢰하시게 될 겁니다."

신뢰감을 높여라 ————

대화 중에 다음 약속이나 통화할 시점을 잡을 때는 반드시 정확한 시간을 정하라.

예컨대 전화 통화 시간을 잡는 거라면 "화요일 오후 세 시에 전화드리겠습니다" 등과 같은 식으로 말하라. 그리고 더욱 중요한 것은 바로 그 시간에 전화하는 것이다. 세 시 10분 전도, 후도 아니고 세 시 반도 아닌 세 시 정각에 전화하는 것이다.

혹시 그 시간에 다른 사람을 만나고 있거나 회의에 들

어가 있더라도 "급하게 전화 한 통 하고 돌아오겠습니다"
라며 양해를 구하고 자리를 벗어나 약속을 지켜야 한다.
그러면 '와우' 효과와 함께 신뢰감을 높일 수 있다. 상대가
전화를 받으면 인사를 나눈 후 반드시 이 말을 덧붙여라.

"말씀드린 대로 세 시에 전화드렸습니다."

약속을 지키는 사람이라는 인상을 주는 것이다.

세 시에 전화했는데 상대가 전화를 받지 않거나 그 자
리에 없을 수도 있다. 그래서 음성 메시지를 남기는 경우
상대의 이름을 가급적 상대에게 들은 그대로 기억해서 반
복하라.

"○○○ 씨. 안녕하세요. 말씀드린 대로 세 시에 전화드렸습니다.
이따가 다섯 시에 다시 전화드리겠습니다."

그리고 다시 정한 그 시간에 딱 맞춰서 전화하라.

이렇게 일관성을 유지해야 자신감도 생기고 상대의 신
뢰를 얻을 수 있다. 언제 무엇을 하겠다고 하면 반드시 그
렇게 하라. 신뢰가 라포 형성의 기본이다. '말씀드린 대로'

가 핵심 표현이다. 직접 만나는 경우도 마찬가지다. 반드시 제 시간에 맞춰 약속 장소에 도착하라.

비즈니스 복장을 갖춰라 ───

옷차림과 관련해서도 주의할 사항이 있다. 결론부터 말하자면 비즈니스 관계에서는 항상 그에 걸맞은 복장을 갖춰야 한다. 공식 만남에서는 옷차림이 특정한 인상을 창출하고 만남의 질과 관계에 영향을 미친다.

물론 격식을 차리지 않는 사교 모임에는 평상복 차림이 어울린다. 다만 단정하고 깨끗한 느낌을 주는 차림새를 갖추는 게 기본이다. 사교 모임이나 행사장에서 편안한 옷차림으로 처음 만났다 해도 비즈니스와 관련해서 새로 약속을 잡고 다시 만나는 자리에는 비즈니스 복장을 갖추고 나가야 한다. 비즈니스에 임할 때는 프로로 보여야 하고, 그 점은 복장에서 우러나온다.

상대방의 커뮤니케이션 스타일을
파악하기 위한 정리 항목

- 그는 시각적 유형인가, 청각적 유형인가, 체감각적 유형인가?
- 그는 추구형 동기를 갖는가, 탈피형 동기를 갖는가?
- 그는 동일성 인지 성향인가, 차별성 인지 성향인가?
- 그는 결론 중심 성향인가, 절차 중심 성향인가, 선택형 성향인가?

전화 통화 방법론 ─────

전화 통화는 얼굴을 보지 못하는 상태에서 유대를 모색하는 것이므로 몇 가지를 따로 살펴볼 필요가 있다. 목소리 사용법과 단어 선택에 특히 주의를 기울여야 한다. 말의 속도와 크기를 맞춰 주는 것도 신경 써야 한다.

유난히 큰 목소리로 말하는 사람들은 청력이 약한 경우가 많다. 그런 사람과 통화하면서 속삭이듯 말하면 상대는 답답함을 느낄 것이고 라포는 물거품처럼 사라진다. 또 전화를 받는 주변 환경이 시끄러워서 그러는 경우도 있으므로, 상대가 목소리를 높이면 같이 높여 줘야 상대의 입장을 배려한다는 느낌을 줄 수 있다.

통화를 하기 전에 숙지할 부분은 이름을 정확히 발음하는 법과 VAK 가운데 초점을 맞출 유형, 상대에 대해 파악해 놓은 정보, 통화의 목적 등이다.

통화 시에 주의를 기울여야 할 또 한 가지 중요한 요소는 '현재에 집중하는' 자세다. 모습이 보이지 않는다고 해서 마우스로 인터넷을 검색하거나 키보드를 두드리면서 통화를 하면 안 된다. 또 휴대전화를 들고 화장실을 찾는 것도 금물이다. 사람들은 통화할 때 상대가 잠시라도 딴청을 피우면 금방 알아차린다. 평소보다 신체의 감각을 예리하게 곤두세우고 집중하기 때문이다. 키보드 소리나 용변 보는 소리는 수화기 너머로 건너간다는 점을 잊지 말라.

통화 시 그 순간에 집중하지 않으면 상대는 당신이 자신에게 별다른 관심이 없거나 자신을 그다지 중요하게 생각하지 않는 것으로 단정해 버린다. 직접 얼굴을 보며 대화를 나누는 경우에는 주변 정황까지 고려해 판단을 내리지만 전화 통화 시에는 오직 통화 태도만을 추정해서 판단한다는 이야기다. 평소 컴퓨터 앞에 앉아 통화하며 마우스나 키보드에 손대는 버릇이 있는 사람은 책상을 벗어나 조용한 곳으로 옮겨가서 통화할 것을 권한다.

끝으로 전화 통화 시에 상대의 반응을 확인하는 데 이

용할 수 있는 질문을 소개한다. 한참 무언가를 설명하거나 스토리를 이어 나가다가 듣고 있는지 궁금하면 "여보세요? 여보세요?"라고 하는 경우가 흔하다. 단지 통화가 끊기지는 않았는지 또는 듣고 있는지를 파악하기 위해 단편적으로 확인하는 것이다.

어떤 이야기든 조금 길어진다 싶으면 중간에 잠시 멈췄다가 "공감이 좀 가시는지요?"라든가 "이해가 잘되시는지요?"라고 묻는 게 좋다. 이야기를 제대로 듣고 있는지 뿐만 아니라 상대의 반응까지 파악할 수 있는 질문이다.

또 특정 상황에서는 일부러 말의 속도를 늦추거나 간격을 늘려 상대에게 끼어들 기회를 주는 것도 좋은 방법이다. 의견이나 질문이 나오게 만들기 위해서다. 상대의 숨소리나 '흠'과 같은 소리로 반응을 살필 수도 있다. 여기서 잠시 틈을 내줬는데도 아무런 반응이 나오지 않으면 질문을 던져라.

"잘 안 들렸거나 잘 이해되지 않은 부분은 없으신지요?"

라포는 때로 '양날의 검'이 될 수 있다. 즉시 관계를 구축해 주는 장점이 있는 반면 너무 긴밀한 유대감을 조성해 그저 친구로만 여겨질 수 있다는 단점도 있다. 비즈니스 관계에서는 친구로만 여겨지면 역기능이 초래될 수도 있다. 라포를 강화하는 동시에 균형을 유지하는 게 중요하다.

리더 및 조언자로 포지셔닝하라 ————

라포를 강화하는 동시에 통제권을 갖는 리더로 포지셔닝하는 비법은 은연중 간단한 지시나 명령을 내리는 것이다. 직접 만난 자리에서 혹은 전화 통화를 할 때 그렇게 할 수 있다. 요령은 그런 지시나 명령을 3단계로 나눠 내리는 것이다.

내가 지금 이 책을 읽고 있는 당신에게 지시하는 예를 보여 주겠다.

"지금 앉아서 책을 읽고 있다면 종이를 준비하고 펜을 꺼내서 종이의 왼쪽 위에 '통제권'이라는 단어를 쓰십시오."

3단계 지시라는 점에 주목하라.

"종이를 준비하고, 펜을 꺼내고, '통제권'이라고 써라."

만약 당신이 이대로 따른다면 당신은 내게 지시를 받은 것이고 다음 지시가 무엇인지 기다리게 된다. 잠재적으로 내가 통제권을 쥐게 되는 것이다. 당신 역시 만남이나 통화에서 상대에게 이렇게 필요나 욕구, 비즈니스와 관련된 무엇인가를 시키면 쉽게 통제권을 줄 수 있다. 상대에게 시킬 수 있는 간단한 무언가를 구상하는 것은 당신이 할 일이다.

한 가지 지시를 내리고 5분 정도 말하다가 두 번째, 세 번째 사항을 시키는 방법은 효과가 없다. 세 가지 지시를 연달아 내리는 게 중요하다. 적어도 아주 짧은 간격을 두고 이어지게 해야 한다. 그래야 다음 지시에 대한 기대감을 조성할 수 있기 때문이다. 이것이 단순한 친구 관계에서 벗어나 리더 및 조언자로 포지셔닝하는 절묘한 방법이다.

이는 특히 상대가 절차 중심 유형일 때 그 효과가 더욱 크다. Power Question 3을 기억하는가? 일련의 지시를 내리는 것은 절차 중심 유형의 흥미를 사로잡는다. 단계를 밟는 것 자체를 좋아하는 유형이기 때문이다.

이 기법은 두 번째나 그 이후의 만남 또는 통화에서 전략적으로 활용하는 게 바람직하다. 일단 라포가 충분히 형성된 후에 써야 한다.

이메일을 보내라 ────

이메일을 보낼 때도 상대에 맞춰 시각적, 청각적, 체감각적 표현을 쓰는 데 주의를 기울여라.

> 시각적: "곧 만나 보기로 하지요."
>
> 청각적: "곧 다시 얘길 나누기로 하지요."
>
> 체감각적: "건강 챙기시길……."

또한 함께 나눴던 대화 가운데 중요한 내용이나 서로의 공통점을 상기시키는 내용을 포함시키는 게 좋다.

> "~에 대한 멋진 대화를 잊을 수 없습니다."

칭찬이나 격려의 말을 덧붙이는 것도 이메일 후속 조치의 훌륭한 방법이다.

"덕분에 즐거운 시간 보냈습니다. 사장님 사업이 승승장구할 것으로 확신합니다."

사진을 첨부하라 ————

강력한 힘을 발휘하는 후속 조치 중 하나가 이메일을 보낼 때 당신의 사진까지 함께 첨부하는 기법이다(용량을 감안해서 작은 포맷의 사진을 보내는 게 바람직하다). 물론 업계의 관행상 적절하다고 인정되는 경우에만 쓸 수 있는 기법이다. 이름과 연락처를 적은 아래 부분에 사진을 배치하라. 이메일을 보낼 때마다 그렇게 하는 것이 좋다.

성향 파악 후 대처법

• 전화 통화 방법론

현재에 집중하는 자세가 중요하다. 전화상이라도 집중하지 않으면 상대가 알아차린다. 오히려 직접 대면할 때는 주변 정황까지 고려해 판단하지만, 통화할 때는 오직 통화 태도만으로 당신을 판단한다.

• 리더 및 조언자로 포지셔닝

당신이 단순한 친구 관계에서 벗어나 리더나 조언자로 포지셔 닝하고 싶다면 은연중 간단한 지시나 명령을 내려 보자. 세 번의 지시를, 연달아 내리는 게 중요하다. 아주 짧은 간격을 두고 이 어지게 해야 한다.

• 이메일

상대의 유형이 시각적인지, 청각적인지, 체감각적인지에 따라 다르게 보내야 한다. 여기에 칭찬이나 격려를 섞어 보내 보자.

• 사진

상대의 유형이 어떻든 사진은 시각적으로 이메일을 돋보이게 할 수 있다. 사진을 첨부해서 이메일을 보내 보자.

라포

초판 1쇄 인쇄 2017년 11월 14일
초판 1쇄 발행 2017년 11월 21일

지 은 이   마이크 아길레라
옮 긴 이   안진환
발 행 인   김승호
펴 낸 곳   스노우폭스북스
편 집 인   서진
진   행   이병철
마 케 팅   김정현, 박민범
디 자 인   그리고
주   소   경기도 파주시 문발로 165, 3F
대표번호   031-927-9965
팩   스   070-7589-0721
전자우편   edit@sfbooks.co.kr
출판신고   2015년 8월 7일 제406-2015-000159

ISBN 979-11-959633-2-4 03320
값 13,000원